建筑工程经济与管理研究

姜守亮 石 静 王 丹 ◎著

吉林科学技术出版社

图书在版编目（CIP）数据

建筑工程经济与管理研究 / 姜守亮，石静，王丹著
. —— 长春：吉林科学技术出版社，2022.8
ISBN 978-7-5578-9541-9

Ⅰ．①建… Ⅱ．①姜… ②石… ③王… Ⅲ．①建筑经
济学－研究②建筑企业－工业企业管理－研究 Ⅳ.
①F407.9

中国版本图书馆 CIP 数据核字 (2022) 第 117204 号

建筑工程经济与管理研究

著	姜守亮 石 静 王 丹
出 版 人	宛 霞
责任编辑	杨雪梅
封面设计	金熙腾达
制 版	金熙腾达
幅面尺寸	185mm×260mm
开 本	16
字 数	259 千字
印 张	11.5
印 数	1-1500 册
版 次	2022年8月第1版
印 次	2022年8月第1次印刷

出 版 吉林科学技术出版社
发 行 吉林科学技术出版社
地 址 长春市南关区福祉大路5788号出版大厦A座
邮 编 130118
发行部电话/传真 0431-81629529 81629530 81629531
81629532 81629533 81629534
储运部电话 0431-86059116
编辑部电话 0431-81629510
印 刷 廊坊市印艺阁数字科技有限公司

书 号 ISBN 978-7-5578-9541-9
定 价 48.00 元

前　言

　　建筑工程经济与管理是工程建设中十分重要的环节，也是建设单位和施工企业主要的生产经营活动之一，包括工程技术经济和建筑企业管理两个部分。其中，工程技术经济是以工程项目为对象，从技术经济方面，对项目的技术方案、技术措施以及企业（项目）的经济效果进行分析和评价，力求达到技术先进性与经济合理性的有机统一。而建筑企业管理则是以建筑企业为对象，从管理的角度，对企业的生产经营活动进行全过程的科学管理，力求达到人、财、物的合理消耗，努力打造低成本、高质量的工程。

　　随着中国经济快速发展，工程建设规模越来越大，工程项目质量要求也越来越高，需要一大批既懂工程技术，又熟悉经济、管理、法律等相关知识和技能的复合型人才，工程技术和管理人员必须掌握一定的工程经济学知识。因此，本书以介绍基本概念和基本方法为主，以知识的应用为主线，使读者能对建筑生产活动中提出的各种技术方案、计划安排、管理措施进行全面的技术经济评价，为科学决策提供必要的分析，使生产技术通过有效管理，从而更好地提高建筑产品生产的经济效益。

　　本书是一本立足建筑工程经济、研究其发展及教学创新的学术著作，不仅阐述了建筑工程经济的认知、价值，以及建筑工程经济的发展历程，还对多元发展与教学进行了系统研究。内容涵盖建筑产品、建筑业及建筑市场、建设项目资金筹措、建设项目财务评价、工程项目财务评价、国民经济评价、信息化背景下的建筑工程管理、商业地产企业融资。其宗旨为建筑工程经济高水平发展提供指导。全书结构科学、论述清晰，客观实用，力求达到理论与实践相结合。

目 录

第一章 建筑工程经济概论

第一节 工程技术与经济的关系

一、工程经济学的产生和发展

工程经济学是介于自然科学和社会科学之间的边缘学科，是根据现代科学技术和社会经济发展的需要，在自然科学和社会科学的发展过程中，各学科互相渗透、互相促进、互相交叉，逐渐形成和发展起来的。在这门学科中，经济学处于支配地位，而工程经济学属于应用经济学的一个分支。

中国对工程经济学的研究和应用起步于 20 世纪 70 年代后期。随着改革开放的推进，工程经济学的原理和方法已在经济建设宏观与微观的项目评价中得到了广泛的应用，对建筑工程经济学学科体系、理论和方法、性质和对象的研究也十分活跃，有关工程经济的投资理论、项目评价等著作大量出现，逐步形成了有体系的、符合中国国情的工程经济学。

二、工程经济学的相关概念

（一）工程

工程是指人们应用科学的理论、技术的手段和设备来完成的较大而复杂的具体实践活动。工程的范畴很大，包括土木工程、机械工程、交通工程、水利工程、港口工程等。

（二）技术

技术是指人类在认识自然和改造自然的反复实践中积累的有关生产劳动的经验、知识、技巧和设备等。工程技术与科学是既有联系又有区别的两个概念，科学是人们对客观规律的认识和总结，而技术是人们改造自然的手段和方法。

迄今为止，人们对技术的理解不尽相同，归纳起来来有以下几种表述。

第一，技术是在生产和生活领域中，运用各种科学所揭示的客观规律，进行各种生产和非生产活动的技能，以及根据科学原理改造自然的一切方法。具体表现为产品（或结构、系统及过程）开发、设计和制造所采用的方法、措施、技巧，运用劳动工具（包括机械设备等），正确有效地使用劳动对象和保护资源与环境，对其进行有目的的加工改造，更好地改造世界，为人类造福。

第二，技术泛指依照自然科学基本原理和生产实践经验发展而成的一切操作方法和技能。其不仅包括相应的生产工具和其他物资设备，还包括生产的工艺过程或作业程序方法。

第三，技术包括劳动者的劳动技能、劳动工具和劳动对象三部分，缺一不可。这实际上就是认为技术等同于生产力。

由于人们对技术的概念在理解上有差异，工程经济研究的对象就不同。技术不仅包括生产活动和生活活动的技术，还包括管理方法、决策方法、计划方法、组织方法、交换方法、推销方法、流通方法等。总而言之，技术存在于所有领域。

技术发展的标志基本表现在两个方面：一方面是它能创造落后技术所不能创造的产品和劳动，例如宇宙技术、微电子技术、海洋技术、新材料、新能源、新生产技术等；另一方面是它能用更少的人力和物力创造出相同的产品和劳务。

（三）经济

"经济"也是人们熟悉的名词，其应用也很广，人们对其概念的理解也不尽相同。一般认为"经济"是个多义词，其内涵包括以下内容。

1. "经济"指生产关系

经济是人类社会发展到一定阶段的社会经济制度，是生产关系的总和，是政治和思想意识等上层建筑赖以建立的基础。从政治经济学的角度来看，"经济"指的是生产关系和生产力的相互作用，它研究的是生产关系运动的规律。

2. "经济"是一国国民经济的总称

或指国民经济的各部门，如工业经济、农业经济、运输经济等。

3. "经济"指社会生产和再生产

即物质资料的生产、交换、分配、消费的现象和过程。如国民经济学、部门经济学，它们是研究社会和部门经济发展规律的科学。

4. "经济"指"节约"或"节省"

即人们日常所说的"经济不经济"中的"经济"。技术经济学研究中应用较多的概念是第四种，是指人、财、物、时间等资源的节约和有效使用。例如，在工程建设中，以较少的费用建成具有同样效用的工程，或以同样数量的费用，建成更多更好的工程等，不论哪一种情况，都是表现为了获得单位效用所消耗的费用的节约。

另外，技术经济决策所涉及的经济问题，又多与社会生产和再生产的部门经济发展规律有关，因而，技术经济学的经济概念基本上是上述第三种和第四种含义。

（四）工程技术与经济的关系

从推动人类社会进步与发展的意义上说，工程技术是实现人们美好理想的手段，经济是人们所追求和期待的目标，两者是手段和目的的关系。人们发挥自身的聪明才智，把科学、技术积极应用到建设实践中，使这个手段优化。仅仅使手段先进了还远远不够，还要使它有利于社会再生产、能促使经济发展，这才是目的。两者结合起来，就是工程的有效性，即技术的先进性和经济的合理性。技术是工程的前提，经济是工程的目的。从事或准备从事工程实践的人，必须有这样的认识，防止因过分追求技术的完美领先而犯本末倒置的错误。

人们不断追求着"物质丰富，生活富裕"的美好理想，这个理想的实现需要工程技术的支持。没有工程基础，就失去了经济建设的舞台。没有工程活动，没有科学技术的实践活动，谈何社会再生产，又如何实现"物质丰富，生活富裕"呢？归根结底，科学技术及作为其表现形式的工程是支撑经济发展的永恒动力，以其先进的生产力推动着经济的发展。同时，经济状况又制约和刺激着工程建设、技术进步。一方面，工程活动需要物质资料的投入保障，所以，一个时期的经济状况影响着工程建设的范围、规模和强度，经济成为制约工程建设和技术进步的因素；另一方面，人们对于经济现状的永不满足，又成为刺激和推动工程建设与技术进步的因素。

第二节　工程经济学的研究对象和特点

一、工程经济学的研究对象

工程经济学的研究对象，就是解决各种工程项目（或投资项目）问题的方案或途径，其核心是工程项目的经济性分析。这里所说的项目是指投入一定资源的计划、规划和方案并可以进行分析和评价的独立单元。

传统工程经济学面对的主要是一些微观技术经济问题，如某项工程的建设问题、某企业的技术改造问题、某项技术措施的评价问题、多种技术方案的选择问题等。随着社会和经济的发展，现代工程经济学面对的问题越来越广泛，从微观的技术经济问题延伸到了宏观的技术经济问题，如能源问题、环境保护问题、资源开发利用问题、国家的经济政策和体制问题等。工程经济学解决问题的延伸产生了新的工程经济分析的方法，丰富了工程经济学的内容，但不应将工程经济学研究的对象与对这些问题的经济研究完全等同起来。

工程经济学无法解释这些问题的所有经济现象，它着重解决的是如何对这些问题进行经济评价和分析，这也是工程经济学区别于其他经济学的一个显著特征。

二、工程经济学的研究范围

工程经济学的研究范围包括工程项目微观与宏观的经济效果，也就是说既要研究工程项目自身的经济效果，又要研究工程项目对国家、对社会的影响。

工程经济学的研究范围主要体现在 11 个方面，分别是现金流量与资金的时间价值、工程经济分析的基本要素、工程经济评价的基本指标、方案的经济比较与选择、建设项目的可行性研究、建设项目财务评价、建设项目经济分析、不确定性分析与风险分析、建设项目后评价、设备更新的经济分析、价值工程。

三、工程经济学的特点

（一）综合性

工程经济学的研究内容是在技术上可行的条件确定后，即在技术可行性研究的基础上，进行经济合理性的研究与论证工作，是为技术可行性提供经济依据，并为改进技术方案提供符合社会采纳条件的改进方案的途径。各种工程项目的可行性方案都是包含多种因素和多个目标的综合体，对可行性方案不仅要进行技术和经济评价，还要进行社会、政治、环境效益等方面的评价；不仅要进行静态评价，还要进行动态评价；不仅要进行企业经济评价，还要进行国民经济评价等。这些形成了工程经济分析的综合性特点。

（二）系统性

所谓系统，是由相互作用又相互依赖的若干组成部分结合而成的具有特定功能，处于一定环境之中的有机集合体。技术方案的择优过程必然受到包括自然环境和社会环境在内的客观条件的制约，工程经济学是研究技术在某种特定的社会经济环境下的效果的科学，是把技术问题放在社会政治、经济与自然环境的大系统中加以综合分析、综合评价的科学。因此，工程经济学的特点之一是系统的综合评价。

（三）预测性

工程经济学所讨论的经济效果问题几乎都与"未来"有关。着眼于"未来"，也就是在技术政策、技术措施制定后，或技术方案被采纳后，对将要带来的经济效果进行计算、分析与比较。例如，根据生产发展规划需要新建一个企业。为此，在该工程项目建设之前，要进行可行性研究，即从经济上、技术上、财务上以及社会因素和政治因素等方面研究这个项目的建设是否可行。在此过程中，要预测各种因素的变化及其影响并采取相应的风险防范措施，这样才能得到有科学依据的分析结论。因此，工程经济学是建立在预测基础上的学科。

（四）计量性

工程经济学是一门以定量分析为主的学科，它与微观经济学和计量经济学有着密切的联系。为了科学和准确地评价技术方案、技术政策、技术措施的经济效果，工程经济学采用了许多定量分析的方法。由于数学方法的迅速发展和计算机技术的广泛应用，定量分析的范围日益扩大。对于一项技术实践的综合评价，还要采用定性分析与定量分析相结合的方法。但工程经济学主要研究的是定量分析法，并且逐步把定性分析定量化。所以说，计量性是工程经济学的特点。

（五）选优性

工程经济学是对新技术可行性方案的未来"差异"进行经济效果分析比较的科学。工程经济学除研究各方案的可行性与合理性外，还要将着眼点放在各方案之间的经济效果差别上，把各方案中相等的因素在具体分析中略去，以简化分析和计算。所以，工程经济学分析的过程就是方案的比较和选优的过程。

综上所述，工程经济学具有综合性、系统性、预测性、计量性、选优性等特点。

四、工程经济分析的基本步骤

任何技术方案在选定前，都应该进行技术经济分析与评价，以便从中选出较为理想的方案，为此，必须遵循较为科学的程序。建筑工程经济学的研究工作和其他学科的研究工作一样，有它自己的研究工作程序，它的工作程序一般包括以下几个步骤。

（一）明确问题，并对问题的历史和现状进行调查

首先应明确研究的课题是什么，预期达到的总目标是什么，然后进行国内外的研究、课题的历史和现状的调查，以明确课题成立与否。

（二）建立各种可能的技术方案

为满足同一需要，一般可采用许多不同的彼此可以代替的技术方案。为了选择最优的技术方案，首先要列出所有可能实行的（穷尽）技术方案，既不要漏掉实际可能的技术方案，也不要把技术上不能成立的或不可能实现的，或技术上不过关的方案列出来，以避免产生选出的方案不是最优方案或虽是最优方案但实际上又无法实施的后果。

（三）调查研究

在分析技术方案的优缺点时，必须进行充分的调查研究，从国民经济利益出发，客观地分析不同技术方案所引起的内部、外部各种自然、技术、经济、社会等方面所产生的影响，从而找到最优方案。

（四）建立数学模型

将各技术方案的经济指标和各种参数之间的关系用一组数学方程式表达出来，则该组数学表达式称为工程经济数学模型。经常使用的工程经济数学模型大体有两类：一类是求多元函数的极值问题；另一类是规划论模型或概率模型。

（五）计算与求解数学模型

为了计算和求解数学模型，必须把所需的资料和数据代入数学模型进行运算，这就要求资料和数据准确而全面。工程经济数学模型一般计算工作量较大，尽量使用电子计算机进行计算。

（六）计算方案的综合评价

由于技术方案的许多优缺点往往不能用数学公式来表达和计算，而一个技术方案可能兼具各方面的优缺点，这就要求对技术方案进行综合的、定性的和定量的全面分析论证，最后选出在技术、经济、社会、政治、国防等各方面最优的方案。应当指出，上述工作程序，是一般常用的工作方法和程序，而不是唯一的工作方法和程序，根据研究课题的不同性质和特点，还可以采取其他方法和程序。

第三节 工程项目经济评价的基本原则

一、现金流量原则

现金流量是指企业在一定会计期间按照现金收付实现制，通过一定经济活动而产生的现金的流入和流出及其总量情况的总称，即企业在一定时期内的现金和现金等价物的流入和流出的数量。衡量投资收益用的是现金流量，而不是会计利润。现金流量反映工程项目实际发生的现金流入与流出，而不反映应收、应付款项及折旧、摊销等非现金性质的款项；会计利润则是会计账面上的数字，并非手头可用的现金。

二、资金的时间价值原则

工程经济学中一个最基本的概念是资金具有时间价值。由于资金时间价值的存在，今天的1元钱比未来的1元钱更值钱。投资项目的目标是增加财富，财富是在未来的一段时间获得的，能不能将不同时期获得的财富价值直接加总来表示方案的经济效果呢？显然不能。由于资金时间价值的存在，未来获得的财富价值在现在看来没有那么高，需要打一个折扣，以反映其现在时刻的价值。如果不考虑资金的时间价值，就无法合理地评价项目的未来收益和成本。

三、增量分析原则

增量分析符合人们对不同事物进行选择的思维逻辑。对不同方案进行选择和比较时，应从增量角度进行分析，即考察增加投资的方案是否值得，将两个方案的比较转化为单个方案的评价问题，使问题得到简化，从而容易求解。

四、机会成本原则

机会成本是指把一定的经济资源用于生产某种产品时放弃的另一些产品生产上最大的收益。企业投资进行项目的建设，只要投入了这个项目，就算是投入，不管这些资金是借来的还是自有的，或者投入的是企业自有的机械、设备、厂房等资源，都要计入成本，这个成本投入其他途径所能获得的最大收益即机会成本。

五、有无对比原则

准确识别和估算项目的效益和费用是正确评价项目的前提。在识别和估算项目的效益和费用时，应遵循"有无对比"原则，分别对"有项目"和"无项目"两种状态下项目未来的运行情况进行预测分析，然后通过对比分析确定项目的效益和费用，保证估算的准确性和可靠度。避免因为忽略"无项目"时状态自身的优化作业，而导致对项目效益估算的"虚增"或对费用估算的"虚减"，夸大项目自身的经济效益水平；也要克服因为忽略"无项目"时状态自身的劣化作业，而导致对项目效益估算的"虚减"或对费用估算的"虚增"，缩减项目自身的经济效益水平。

六、可比性原则

工程经济分析是一个优选过程，在多方案的评价中必须建立共同的比较基础，保证计算口径一致。进行比较的方案在时间上、金额上必须具有可比性。因此，项目的效益和费用必须使用相同的货币单位，并在时间上相匹配。

七、风险收益的权衡原则

工程经济分析主要是针对拟建项目，即未来项目进行的。因此，评价必须建立在科学统计预测的基础上，恰当地选择预测方法，以提高评价信息的质量。尽管在预测和统计的方法选择上力求完善和科学，但由于事物发展的不确定性的存在，评价本身就隐含着风险，从而影响了决策的有效性，所以在进行工程经济分析时，不仅要通过确定性评价揭示项目收益、关注项目收益，还要通过不确定性分析和风险分析，揭示风险，关注风险，使投资人在权衡了项目收益和风险后再进行决策。

八、总结

工程经济学是介于自然科学和社会科学之间的边缘学科，是根据现代科学技术和社会经济发展的需要，在自然科学和社会科学的发展过程中，各学科互相渗透、互相促进、互相交叉，逐渐形成和发展起来的。工程经济具有综合性、系统性、预测性、计量性、选优性等特点。建筑工程经济的研究对象，就是解决各种工程项目（或投资项目）问题的方案或途径，其核心是工程项目的经济性分析。因此，工程经济的研究范围包括工程项目微观与宏观的经济效果，也就是说既要研究工程项目自身的经济效果，又要研究工程项目对国家、对社会的影响。建筑工程项目经济评价的基本原则包括现金流量原则、资金的时间价值原则、增量分析原则、机会成本原则、有无对比原则、可比性原则和风险收益的权衡原则。

第二章　建筑产品、建筑业及建筑市场

第一节　建筑产品

一、建筑产品的概念

建筑业生产的产品叫建筑产品，分为物质产品和精神产品两大类。物质产品可分为实物产品（如建筑物、构筑物，建筑构件、建筑配件、建筑制品）和非实物产品（如建筑设计、建筑技术）。精神产品主要是指独立存在的建筑艺术成果，如建筑绘画、建筑模型等。

二、建筑产品的特性

（一）建筑产品的固定性和生产的流动性

建筑产品通常是固定在土地上，不能移动的。在施工中，生产工人和生产设备必须随着建筑产品所在的现场不同而转移。

（二）建筑产品的多样性和生产的单件性

由于建筑产品具有需求的一次性特点，每件建筑产品有不同的地理位置并具有专门的功能，专业性强，是不可替代的产品，这就需要采用不同的体量、结构、设备、造型和装饰。也就是说，在众多建筑产品中，找不到完全相同的两个建筑产品。

（三）建筑产品体形庞大、价值高、生产周期长

大多数建筑产品具有庞大的体量，难以像制造业产品那样实现完全的工业化生产。建筑产品所消耗的资源多，造价少则几万元，多则上亿元甚至几十亿元，需要大量的建设投资。同时，建筑产品的生产周期也是比较长的。

（四）建筑产品的社会性和文化性

有些建筑产品因涉及公众利益而具有社会性，如交通、水利、公共设施等。同时，建筑产品与一个国家或地区的历史、民族、文化、艺术有着密切的联系，这些因素左右着建筑产品的建筑规划、设计风格、结构形式、功能与性能需求，使之适应不同的风俗习惯和人文环境，有着浓厚的人文色彩，因而建筑产品被誉为"凝固的音符"，因此，建筑产品又具有文化性。

三、建筑产品生产特点

由于建筑产品地点的固定性、类型的多样性和体形庞大三大主要特点，决定了建筑产品生产的特点与一般工业产品生产的特点相比较具有自身的特殊性。其具体特点如下。

（一）建筑产品生产的流动性

建筑产品地点的固定性决定了产品生产的流动性。一般的工业产品都是在固定的工厂、车间内进行生产，而建筑产品的生产是在不同的地区，或同一地区的不同现场，或同一现场的不同单位工程，或同一单位工程的不同部位组织工人、机械围绕着同一建筑产品进行生产。因此，使建筑产品的生产在地区与地区之间、现场之间和单位工程不同部位之间流动。

（二）建筑产品生产的单件性

建筑产品地点的固定性和类型的多样性决定了产品生产的单件性。一般的工业产品是在一定的时期里，在统一的工艺流程中进行批量生产，而具体的一个建筑产品应在国家或地区的统一规划内，根据其使用功能，在选定的地点上单独设计和单独施工。即使是选用标准设计、通用构件或配件，由于建筑产品所在地区的自然、技术、经济条件的不同，也使建筑产品的结构或构造、建筑材料、施工组织和施工方法等也要因地制宜加以修改，从而使各建筑产品生产具有单件性。

（三）建筑产品生产的地区性

建筑产品的固定性决定了同一使用功能的建筑产品因其建造地点的不同必然受到建设地区的自然、技术、经济和社会条件的约束，使其结构、构造、艺术形式、室内设施、材料、施工方案等方面均各异。因此建筑产品的生产具有区域性。

（四）建筑产品生产周期长

建筑产品的固定性和体形庞大的特点决定了建筑产品生产周期长。因为建筑产品体形庞大，使得最终建筑产品的建成必然耗费大量的人力、物力和财力。同时，建筑产品的生产全过程还要受到工艺流程和生产程序的制约，使各专业、工种间必须按照合理的施工顺序进行配合和衔接。又由于建筑产品地点的固定性，使施工活动的空间具有局限性，从而导致建筑产品生产具有生产周期长、占用流动资金大的特点。

（五）建筑产品生产的露天作业多

建筑产品地点的固定性和体形庞大的特点，决定了建筑产品生产露天作业多。因为形体庞大的建筑产品不可能在工厂、车间内直接进行施工，即使建筑产品生产达到了高度的工业化水平，也只能在工厂内生产其各部分的构件或配件，仍然需要在施工现场内进行总装配后才能形成最终建筑产品。因此建筑产品的生产具有露天作业多的特点。

（六）建筑产品生产的高空作业多

由于建筑产品体形庞大，决定了建筑产品生产具有高空作业多的特点。特别是随着城市现代化的发展进程的推进，高层建筑物的施工任务日益增多，使得建筑产品生产高空作业的特点日益明显。

（七）建筑产品生产组织协作的综合复杂性

由上述建筑产品生产的诸特点可以看出，建筑产品生产的涉及面广。在建筑企业的内部，它涉及工程力学、建筑结构、建筑构造、地基基础、水暖电、机械设备、建筑材料和施工技术等学科的专业知识，要在不同时期、不同地点和不同产品上组织多专业、多工种的综合作业。在建筑企业的外部，它涉及各不同种类的专业施工企业，及城市规划，征用土地，勘察设计，消防，"七通一平"，公用事业，环境保护，质量监督，科研试验，交通运输，银行财政，机具设备，物质材料，电，水，热，气的供应，劳务等社会各部门和各领域的复杂协作配合，从而使建筑产品生产的组织协作关系综合复杂。

四、建筑材料

材料是构成建筑物的主要元素之一，不同材料有不同属性，为人类的创作灵感提供了广阔的天地。材料随着时代的变化而变化，在自然属性上又增加了社会属性，人们对它的依赖不仅是物质的，更是精神的。建筑形式总是伴随着新材料、新技术的发明以及人类审美价值的变化而发生着变化，传统建筑材料不能再完全沿袭传统建筑的表现道路。那么，传统材料是否面临着被淘汰、被遗弃的命运？传统材料在现代建筑中是否失去了生命力？下面将探讨传统建材。

（一）当代传统材料概述

1.历史背景

建筑是具有社会属性的，是城市肌理和文脉的片段印迹。传统材料是建筑的活化石，它记录了一部建筑史。它有着与生俱来的文脉认同感，给予某种程度的记忆、影响和心理暗示。人是富于感情的动物，而传统材料是最有亲切感的，所以对传统的认同是最直接、最普遍的做法。

2.现状

随着现代建筑技术和材料的迅速发展，传统建筑材料的表现手法也从传统的沿革中解放出来，在新工艺、新理念的支持下，被重新诠释，形成许多强有力的表现手法。传统建筑材料的艺术感染力丰富和延续了时间和空间，提高了环境美学的质量，给人以美的享受。现代建筑大师们早就意识到了这一点，特别是现代地域性建筑注重使用那些融入了地方情感的传统材料和具有独特智慧的现代技术融合，显示出一种对于传统材料、技术的延续性。这种延续性既体现出对当地自然环境和文化的尊重，也是出于对人的关怀，不仅让人们感受到强烈的现代艺术的气息，同时也体验到悠久的建筑传统文化。

3.研究对象与意义

传统建筑材料是指传统土木建筑结构所有材料的总称。传统建筑材料主要包括烧制品（砖、瓦类）、砂石、灰（石灰、石膏、菱苦土、水泥）、木材、竹材等。

通过比较、分类分析的方法，分析现代建筑师们使用传统材料的实例，来阐述传统建筑材料演绎下现代建筑的魅力，发掘传统建筑材料发展的潜能。希望通过这种方式，引起更多建筑人对于运用传统材料设计现代建筑的问题的兴趣和重视，并依法更广泛、更深入地探讨与研究，真正使传统材料在新时代的建筑设计中焕发新的生命力。

中国传统木构架建筑以其特有的建筑语言，传达着中国的文明史，讲述着神秘而古老的东方文化。大至中国传统的木结构建筑，小至明清家具，木材在中国的应用有着悠久的传统，并确立了中国特有的木文化。木构架建筑，以其特定的时间和空间限定并诠释了其民族和地域文化。"天人本无二，不必言合"的"天人合一"的观念，构成了中国传统文化心理结构和思维定式而融入血脉，于是"木"在阴阳五行中便自然而然地被列为"五行"之首，被奉为一切生命之源，这种材料也真正融入历史反思与社会。

木材是大自然赐予人类的天然、能耗低并且可再生的建筑材料。它是一种有机材料，有着完整的循环周期——从参天大树到原木材料，最后变成腐殖质或是燃料。使用木材不仅符合生态学，而且对人的心理健康也颇有益处。我们都很熟悉木材具有：鲜活的纹理、柔软的手感和舒适的感觉等特质。在今天这个人工痕迹充斥的世界里，木材给了我们亲近大自然的机会，令人心情舒畅。即使形态在变，时间在变，木材的精神不变。在这样一个瞬息万变的世界里，木材给人恒久不变的传承感和安全感。

木材是所有建筑材料中最和谐的，我们对建筑的许多深刻印象来自木材，它的组成对建筑有着深远的影响，记录了远古时代的建筑。木材不仅具有物质功能，还蕴含文化意义、情感价值和心理认同等因素。最佳地使用传统建筑材料不仅涉及它们的技术潜能还关乎其内在的感官特性。现代技术的高度发展客观上要求产生高情感的东西与之相平衡，传统建筑材料的新兴表现思想渗透着众多美学与技术思想的追求，从深层上体现了机械自然观向"天人合一"的自然观的转化。

所谓传统材料是指在过去的时代根据过去的生活条件、过去的资源发展出来的，例如青砖，在当时有广谱性，各地的、各种功能的建筑都会使用。但现在它已不符合环保的要求，取代砖窑的是小水泥厂，我们现在用水泥作为基本材料。

传统材料中如果是没断代的，我们还会用，例如那种因地制宜制造的、工艺和资源的来源具有广谱性的我们会用，但如果取用困难、造价更高，就不用了。尤其是代表"印象中的中国"而不是当下中国的就不用了，例如不用青瓦而用水泥瓦，不用青砖而用混凝土的砌块。至于木材，当然可以用传统的工艺，但更愿意用当下的工艺或正在发展中的工艺。

在政治、经济、文化全面融通的当今世界，世界文化和传统文化不可避免地交织在一起。我们要以发展的眼光看待当地的传统材料。对于传统材料与工艺，拒绝吸收外来信息、资源，无异于阻碍自己的生存与发展。因此，现代地域性建筑必须扬弃地域传统材料与技术，打破狭隘的空间概念，吸取时代精华，注重创新，才能顺应时代潮流的发展要求。当今工艺技术的高度发展，给传统材料的发展提供了一个新的平台。新材料、新技术、新工艺的结合摆脱了传统材料自身的局限性，扩展了应用范围和表现方式。

（二）与新材料的结合

建筑师对传统材料应用的探索不只停留在对技术的维护使之适应现在社会，而是积极、精确、乐观构筑新工艺与传统材料之间的关系。

传统材料不仅作为单一的材料而存在，通过与新材料的结合，赋予了传统材料现代艺术气息。我们可以根据不同的传统材料间的特性与新材料结合，扬长避短，体现现代建筑强烈的传统情感，弥补传统材料的局限。

在当今技术的支持下，钢节点的采用很好地解决了木结构在节点处强度薄弱的问题，而钢木的结合也成为现代木结构的一个主要特征。位于美国阿肯尼亚州的刺冠礼拜教堂以其精致的造型曾被美国建筑师协会选为20世纪十大建筑之一。位于一片树林之中的教堂，采用钢木结构。木构件通过井字状的钢节点，将竖向的支撑构件设计得极为精巧，支撑构件和斜向的连接件加以连接，仿佛木构件只是简单地靠在一起，而木柱同周围的树木融为一体，整栋建筑是如此迷人轻盈。

（三）与新技术的结合

人们认为新技术的开发，使得新材料不断地涌现，而传统的材料就面临着被摒弃淘汰的命运。但是人们忘了"技术是一把双刃剑",它同样也可以成为传统材料进化的工具。每一次技术革命都带来了建筑形式的重大变化,它们的结合撞击出了绚烂的火花。

新技术与传统材料的结合,赋予了传统材料新的生命,改善了传统材料的性能,打破了传统材料的局限,开拓了传统材料的使用领域。传统材料不再是传统文化的符号,更是现代建筑塑造强烈艺术表现力的手法之一。

德国汉诺威博览会办公楼的外立面上使用了空心陶质面砖系统。这种空心陶质面砖是一种用于建筑外装修的悬挂式空心陶质面砖,通过龙骨和连接构件固定在建筑的构造外墙上。在面砖和构造外墙之间可以附加保温材料,龙骨构架起来形成的通风夹层可以防止保温材料受潮,确保了外墙的保温性能。空心构造减少单位面积的重量,小尺寸便于安装和运输,如果发生破损可以局部进行更换不影响立面效果。它不仅提高了其保温和美观效果,而且由于面砖表面纹理水平接缝的作用而有效缓解了因高层建筑周边的高速气流而形成的立面雨水上行的问题。

传统材料与新技术的结合,赋予它新的节能性能,是对传统材料的延续与发展的表现。在芝贝欧文化中心设计中,伦佐·皮亚诺系统地研究了当地棚屋的建造技术,提取出"编制"的构筑模式,他将封闭的屋顶面向天空敞开,外侧的木肋弯曲向上延伸收束,高低起伏变化,并最终获得了抽象的"容器"(cases)意象。它的外形取决于计算流体力学 CFD(Computational Fluid Dynamics)的模拟气流分析和风洞试验,并达到了自然通风和减少风荷载的目的。最妙的是,木条编成贝壳状的棚屋,针对不同的风度和风向,通过调节百叶与不同方向百叶的配合来控制室内气流,从而实现完全被动式的自然通风。每当风从百叶的缝隙中穿过时,都会发出瑟瑟的音符,这是一曲传统材料与新技术完美结合的协奏曲。

(四)与新加工工艺的结合

材料自身不能一成不变,只有传统材料的进化和新陈代谢才能适应社会的需要。新的加工工艺让材料的质感、重量等性能产生了变化,使得传统材料的色彩、光泽、纹理更能在现代建筑设计中占有一席之地。

建筑材料的运用首先表现了建筑师的个性追求。当代建筑设计师思想多元并存,技术手段丰富多样。建筑师的构想方法、造型手法以及对工艺、材料的喜好都直接反映在建筑材料的处理中。传统建筑材料的运用应力图与城市的形象和文化内涵的总体构思相适应,不再单纯满足于使用和认知功能,而是积极参与到环境创造中去,形成多元化、多层次的态势格局,现代建筑才能更多元化、更个性化、更人性化,将建筑塑造成为一个肉体的庇护所、人类灵魂的归宿。

同时当代的技术和文化为传统材料在建筑创作上提供了广阔的空间,为认识传统材料解除了束缚。传统材料应该与时俱进,在现代新工艺和新理念的支持下不断地进化、改变,以自己独特的方式演绎着现代建筑,展示着它不朽的魅力;在不断加入新元素的过程中,适应社会的变化,开拓它的使用领域,体现生态系统中自然、社会、经济因素共同作用下建筑系统本身的主动性和发展性，并且强调了环境的作用和在建筑上的可持续发展思维。

这里的目的在于启示建筑师们要在设计的革新中发掘利用技术条件，总结各创作要素之间的关系，进行创造性的表达；因地制宜地开发传统材料，各尽其才，使传统建筑走出一条自己的发展道路。

（五）传统材料在不同领域中的创意运用

新技术的出现刺激了新观念的诞生，而新观念同时推进了新技术的发展。设计师的创作性思维和当今出现的新建筑形式在不断刷新人们对材料的认识，人们的审美也在不断地发生变化，这时也不断地刺激着新观念的诞生。而传统材料要生存下去，不仅要靠自身的进化，而且要打开自身的使用领域和在不同领域中创新的运用。

I. 在建筑表面的创新运用

首先是传统材料怎样用新的方式表达，怎样在现代建筑材料的使用中开辟道路，那就是新观念的引入。

石笼技术是由金属丝围成的笼子，里面再放上石材形成一个大的建筑模块，以前的石笼是用柳条围成的，而且经常被置于河道两侧来抵御河水的冲刷，建筑师们逐渐了解了这种结构可以利用当地的小石块，将原来弃置不用的小石块利用起来，外面用金属丝围成建筑模块使之更加坚固美观。大尺寸的能让光线和风进入室内，中等尺寸的用在外墙底部以防止响尾蛇从填充的石缝中爬入，小尺寸的用在酒窖和库房周围，形成密室的蔽体。远远望去，该建筑更像是一件 20 世纪 60 年代的大地艺术（Land Art）作品。

传统材料的创作极限已经不再是技术工艺的原因，而是设计者的想象力与创造力。新技术工艺支持下的新理念的形成成为可能，同时新理念的形成又刺激了新工艺的产生。

2. 在室内的创新运用

建筑师们不仅在建筑的外观设计上，而且在建筑的室内对传统材料进行创新性的使用。石材、木材、砖等传统材料也正用现代的词汇在室内设计中独占一角，而值得一提的是竹材的运用。

过去由于竹子的防火、抗老化、防渗漏等性能较差，只能运用于较小型的建筑中，而在当代建筑师的再开发利用中，竹材焕发了新的生命力。最近别出心裁的建筑师将竹材应用于大型建筑的室内装修中。德国的奥林匹克体育中心使用了中国的竹地板，竹材还被西班牙的建筑师用于马德里的机场吊顶，其防火、防腐的技术难题被中国的技术人员一一解决了，在此建筑中使用的竹材都符合该国的建材防火要求。

（六）传统材料的生态主动性

在新工艺、新理念的支持下，我们还是要坚持传统材料在现代建筑中的可持续性和生态主动性。现代生态材料提倡"4R"（Renew、Recycle、Reuse、Reduce）原则，即可更新、可循环、可再用、减少能耗与污染；其次，必须使用地方自然资源，体现本土观念。而许多传统材料本身就具有很多生态的特性。那么，在新理念、新工艺支持下，传统材料怎样才能走出一条可持续发展和生态主动性的道路来呢？

（七）竹材在建筑中的意义

竹，作为一种天然的材料，与其他众多的建筑材料相比，具有廉价、强度高、吸水率低、耐久性好以及保温性佳等优点，能够很好地满足经济、结构等方面的要求。此外，它还能给人以视觉上的美感和易于亲近的感觉，这些都是许多人造建材所不具备的。竹材对于可持续发展和环境保护也别具意义，它没有污染，活的竹子还能吸收二氧化碳，从而可以起到调节微气候的作用。

不仅如此，在东方，"竹"所特有的文化上的意义更是不容忽视的。因为这些特殊的品性，使得竹开始越来越多地为现在的建筑师所用。建筑师们为了突破既有的形式和方法，也希望从不同的角度尝试新的材料和新的建造方式，因而竹材在建筑中的运用自然成为一种新的"消费现象"。

显而易见，目前我们对竹材的研究和应用还是很有限的，远未达到全面、系统的程度。因此，竹材在现代建筑中的开发与利用仍然具有很大的潜力与市场。

竹材在建筑中的另一类利用方式，是以某种意向或概念的形式融入建筑里面，它所侧重的是传达一种视觉的信息，而竹子本身不属于建筑本体。

竹制模板具有成本低、寿命长、吸水率低、强度高于木模板，重量又轻于钢模板，并且有利于环保等优点。传统上竹模板通常是作为浇筑混凝土时的模板来使用，而其由竹条纵横叠合形成的独特的肌理和色彩质感，被现在的建筑师们直接作为建筑的面材来使用。

日本建筑师坂茂[①]在建筑师走廊的别墅设计中，便是将家具与建筑体系相结合，开发出了竹胶合板的家具住宅系统，即利用组合式建材与隔热家具为主要结构体和建筑外墙，现场拼装成为一个竹的"家具屋"。以类似的方式来运用竹胶合板的还有建筑师马清运。在其马达思班事务所的室内设计中，普通的竹胶合板经过打磨后去除了表面的黑漆，露出原有的浅褐色纹理，再刷以清漆之后被用作壁柜、工作台、会议桌以及局部地面的铺装。通过选择使用由不同宽度的竹片压制而成的模板，整个室内空间统一而富有变化。

西蒙·维列，哥伦比亚建筑师，擅长竹构建筑。由于盛产竹子并且多震，竹房子一直是几百年来哥伦比亚传统的建筑形式。20 世纪 70 年代以来，西蒙陆续改良了这项传统技术，更好地完成了金属连接构件、混凝土与天然的竹子之间的构造协调，让竹建筑更加牢

---

① 　坂茂，日本著名建筑师，坂茂1957年出生于日本东京，1977年至1980年就读于南加州建筑学院，1980年至1982年就读于库柏联盟建筑学院。

固和美观。在西蒙的理念里，竹房子集合了生态、环保、低成本和低技术等一系列优点，于是，西蒙的竹房子也不断把越来越多的机会给予家乡的贫民。作为一名建筑师，西蒙用个性化的技术实现了自身建筑伦理观的表达，生态、自然、亲和。不仅如此，西蒙·维列还尝试在住宅中采用混凝土来浇灌竹墙。运用这种类似做法的还有张永和先生在水关长城建筑师走廊中建造的别墅二分宅，他在两片主要的夯土墙中也加入了竹筋来替换钢筋来加强墙体的结构强度。

（八）青砖在建筑中的运用

古有"秦砖汉瓦"一词，现代考古也证实了自秦汉起青砖即作为建筑材料出现在人们生活中。历经两千多年，它始终深得人们的偏爱，并与我们的生活息息相关。能有如此悠远的魅力，源于青砖自身独特的色彩、质感和尺度。传统的青砖由于是手工烧制，受泥土中不同金属成分的影响，各砖块颜色不尽相同，因而形成不同层级的青灰色体系，色彩丰富而自然。砖块表面凹凸不平，给人坚实厚重的原生感觉，具有朴实的美。青砖的大小正好适合手的抓取，而它的标准化使其成为建筑的模数，与人体尺度相联系，给人亲切的感觉。青砖的运用极为广泛，尤其在近代以后，无论是北京四合院还是江南私家园林建筑，到处都有青砖的身影，很多作品留存至今。而长时间地与之共处，使人们对青砖有了难以割舍的特殊情感。

现代建筑中青砖当然不需要作为承重部件，砖的运用可以更加自由化。建造低层次、小尺度建筑时，在钢筋混凝土框架体系的支撑下，可以根据不同的功能或立面需要，将模数化的青砖变换砌筑，创造不同于传统意义上的青砖建筑。中国美术学院校园整体改造工程，建筑师借助青砖，通过新的工程技术，充分体现了建筑与人之间良好的尺度关系。杭州湖滨地区，青砖作为具有历史气息的传统建筑材料，容易与既有的特定环境发生关系，表达新建筑在环境和文化中的含义。上海"新天地"，青砖依托传统的石库门建筑形式，在城市新一轮改造中既再现于完全不同于以往的青砖建筑中，又延续了该地块的历史特征。

第二节　建筑业

一、建筑业的含义

建筑业（Construction Industry）是以建筑产品为生产对象的物质生产部门，是从事建筑生产经营活动的行业。从狭义的角度来说，建筑业仅包括建筑产品整个过程的施工建造环节，不包括规划和勘察设计企业。从广义的角度来说，建筑业是国民经济中将各种不同类型的资源转换成经济与社会基础设施和其他设施的一个部门，包括规划、设计、筹资、采购、施工、维护。也就是说，只要生产方式相似而最终形成建筑物、构筑物，或对原有工程修缮维护的企业均可认为是建筑业的组成部分。

建筑业向社会提供的产品和服务既有消费品资料（如住宅），又有生产资料（如工业厂房、商场）；既有私人产品（如住宅、民营企业厂房），又有公共产品（如公路、铁路），还有准公共产品（如供水、供电设施）。

（一）建筑业的经营活动范围

《中华人民共和国建筑法》将建筑活动分为五类，并规定了其法律适用范围。

1. 各类房屋建筑及其附属设施的建造和与其配套的线路、管道、设备的安装活动。

2. 作为文物保护的纪念建筑物和古建筑等的修缮。

3. 抢险救灾及其他临时性房屋建筑和农民自建低层住宅的建筑活动（不适用建筑法）。

4. 军用房屋建筑工程建筑活动（具体管理办法由国务院、中央军事委员会依据建筑法制定）。

5. 其他专业建筑工程的建筑活动（包括铁路、水利水电、港口、码头、机场等，具体管理办法由国务院规定）。

（二）建筑业在中国国民经济行业中的分类

构成中国国民经济的行业分为四级：门类、大类、中类、小类。其中建筑业为E门类，包括第 47 ~ 50 共四大类，具体分为以下几类。

1. 房屋建筑业

它是指房屋主体工程的施工活动，不包括主体工程施工前的工程准备活动。

2. 土木工程建筑业

其包括铁路、道路、隧道和桥梁工程建筑，水利和内河港口工程建筑，海洋工程建筑，工矿工程建筑，架线和管道工程建筑，其他土木工程建筑。

3. 建筑安装业

其包括电气安装、管道和设备安装、其他建筑安装业。

4. 建筑装饰和其他建筑业

其包括建筑装饰业、工程准备活动、提供施工设备服务、其他未列明建筑业。

二、建筑业的特点

建筑业生产是由劳动者利用机械设备与工具，按设计要求对劳动对象进行加工制作，从而生产出一定的产品，这使它具有工业生产的特征。但是，它又有许多不同于一般工业生产的技术经济特点，因而是一个独立的物质生产部门。

其主要特点是：固着地上，不能移动；复杂多样，彼此各异；形体庞大，整体难分；经久耐用，使用期长。

建筑业产品的这些特点，又造成了建筑业生产上的一系列特点，主要包含以下内容。

（一）生产的流动性。表现在两个方面，一是生产人员和机具，甚至整个施工机构，都要随施工对象坐落位置的变化而迁徙流动，转移区域或地点；二是在一个产品的生产过程中，施工人员和机具又要随施工部位的不同而沿着施工对象上、下、左、右流动，不断地变换操作场所。为了适应施工条件的经常变化，施工机具多是比较小型或便于移动的，手工操作也较多，在一定程度上影响了建筑业技术的发展。

（二）生产的单件性。由于建筑物或构筑物的功能要求不同，所处的自然条件和社会经济条件各异，每个工程都各有独特的工程设计和施工组织设计，产品价格也必须个别确定并单独进行成本核算。

（三）生产周期长。较大工程的工期常以年计，施工准备也需要较长时间。因此，在生产中往往要长期占用大量的人力、物力和资金，不可能在短期内提供有用的产品。

（四）露天和高空作业多，受自然气候条件的影响大，质量和安全问题突出。

三、建筑要素

建筑物的三大基本要素，分别为建筑功能、建筑技术和建筑艺术形象。

（一）建筑功能

建筑功能是建筑三要素中最重要的一个因素，人们在建造房屋时总是为了满足具体的目的和使用要求，这在建筑上称做功能。由于各类建筑的用途不尽相同，因此便产生了不同的建筑，例如，教学楼是满足教学活动的需要，而工业厂房则是为了满足生产的要求。

建筑功能往往会对建筑的结构材料、平面空间构成、空间尺度、建筑形象产生直接影响，另外，各类建筑的建筑功能随着社会的发展和物质文化水平的提高也会有不同的要求。

（二）建筑技术

建筑技术包含很多方面知识、包括从整体规划、建筑外观设计、建筑内部设计到施工工艺、结构设计等。例如景观设计、建筑设计、室内设计、人工挖土工艺、机械挖土工艺。随着材料技术的不断发展，各种新型材料不断涌现，为建造各种不同结构形式的房屋提供了物质保障。

（三）建筑形象

建筑形象应包括建筑外部的形体和内部空间的组合，包括表面的色彩和质感，包括建筑各部分的装修处理等的综合艺术效果。建筑形象能给人以巨大的感染力，给人以精神上的满足与享受，如亲切与庄严、朴素与华贵、秀丽与宏伟，等等。

四、建筑业在国民经济中的地位和作用

建筑业是国民经济中一个重要的独立产业部门，许多国家都视其为支柱产业。对于还是发展中国家的中国，建筑业的支柱地位更加显著。建筑业是中国国民经济五大物资生产部门（工业、农业、建筑业、交通运输业、商贸饮食业）之一。中华人民共和国成立以来，中国建筑业在国民经济中的地位和作用日益重要，对中国国民经济的支持和促进作用也越来越被人们所承认。

（一）建筑业是固定资产形成的主要动力之一

建筑业为社会提供和维护发展环境，是固定资产形成的主要动力之一。只要旧建筑物或其他建成物的拆除速度不超过建成速度，建筑业的产出就会逐年积累，这个积累过程称为"固定资产形成"，建筑业所形成的固定资产要占到国民经济总固定资产的70%左右。国民经济的生产能力在很大程度上取决于其现有固定资产的规模。建筑业是实施固定资产投资计划的主要工具。投资效率的高低取决于建筑业的生产能力和效率。

（二）建筑业是就业机会的重要来源

无论是发达国家还是发展中国家，建筑业都是就业机会的重要提供者。建筑业是劳动密集型产业，许多国家的建筑业就业人数占全社会就业人数的5%以上。更重要的是，由于与建筑业前后关联而在其他部门创造的直接和间接就业人数更是远远超过了在建筑业就业的人数。

（三）建筑业是工业、交通运输业等部门的重要市场

由于建筑产品体积庞大，消耗的各种物质数量巨大、种类繁多，这就让建筑业不但成为建筑材料工业的独家市场，而且成为重工业产品的重要市场。建筑业越发达，工业化程度越高，对工业产品的耗用量也越大。在建筑产品成本中，物质消耗占60%～70%，它与50个以上的工业部门发生关系，特别是与建材工业、冶金工业、木材及木材加工业、金属结构及制品生产工业、化学工业关系特别密切。这些部门提供建设所需四分之三以上的材料消耗。

（四）建筑业是国际贸易的重要组成部分

国际承包是一项综合性输出，可以带动资本、技术、劳务、设备及商品输出，而且还可以扩大国家影响力，赚取外汇。因此，世界各国都非常重视建筑业走向国际承包市场，发展外向创汇型建筑业。我们要看到中国建筑业国际承包的潜力，也要看到其与国际水平的差距，积极支持建筑业发展国际承包，让它为国家作出更大的贡献。

（五）建筑业向高空和地下施工技术的发展，为人类扩展了活动场所

随着世界人口的增长和科学技术的发展，对有限的土地要充分利用，建筑技术逐步向高空和地下发展，20 世纪 70 年代的建筑就是以修建大量超高层建筑和大规模地下建筑物为特征的。现在，修建高层建筑、地下铁道等在世界上已平常化，如英吉利海峡隧道是一条把英国英伦三岛欧洲相连接的铁路隧道，于 1994 年 5 月 6 日开通。它由三条长为 51 km 的平行隧洞组成，总长度为 153 km，其中海底段的隧洞长度为 114 km，是目前世界上最长的海底隧道。中国许多方面的设计和施工能力已跨入世界先进行列，如长为 14.295 km 的衡广铁路复线大瑶山隧道的施工技术和效率居于世界前列，上海 1993 年建成的杨浦大桥为当时世界第一跨的双塔双索斜拉桥等。可以预料，在未来的世界探索中，在扩展人类活动场所方面，建筑业将会发挥更加重要的作用。

第三节　建筑市场

一、建筑市场的概念

（一）市场与市场要素、市场结构

l. 市场的含义

按照保罗·萨缪尔森（Paul A. Samuelson）的定义，市场是买者和卖者相互作用并共同决定商品或劳务价格和交易数量的机制。市场有广义与狭义之分。狭义的市场是指有形市场，具体表现为商品交易的固定场所，是买卖双方交易非常频繁的一个区域，特别是公开标明价格，并在区域内趋于一致，如百货公司、集贸市场等；广义的市场包括有形市场和无形市场。无形市场是指没有固定的交易场所，商品一般不在交易场所中出现，主要通过广告、通信、中介机构、经纪人或其他交易方式，寻找货源或买主，沟通买卖双方，促进成交，如某些技术市场、建筑市场、房地产市场。广义的市场具体表现为在国家宏观调

控下对资源配置起基础作用的商品流通，是生产者、消费者和中间经济关系的反映，是它们交易关系的总和。

2. 市场的要素

从一般意义来看，市场的主要构成要素包括市场主体、市场客体和市场媒介。

（1）市场主体

在市场上监护交换客体进入市场，并从事交换活动的组织和个人，称为市场主体。其既包括自然人，也包括以一定组织形式出现的法人；既包括为了盈利而进行交易的商品生产者，也包括提供非营利性产品和劳务的机构，还包括为了生活需要而交易的消费者。

（2）市场客体

市场上交易的对象称为市场的客体。产品之所以进入市场成为交易对象，一是因为被交换的商品的使用价值不同；二是因为市场主体有特殊的需要。由于市场种类不同，交易对象也多种多样。消费品市场的交易对象是各种各样的消费品；生产资料市场的交易对象是机械、设备、原材料、燃料等；金融市场的交易对象是资金、股票、债券、期票以及其他各种有价证券；劳动力市场的交易对象是具有各种技能、熟练程度不同、不同年龄层次的劳动力；技术市场的交易对象是载于各种不同载体的知识产品；信息市场的交换对象是各种各样的信息。

（3）市场媒介

市场交易中起媒介作用的工具和机构称为市场媒介，也称市场中介组织（机构）。市场媒介是作为解决交换中的矛盾的手段而出现的。随着商品交换和市场经济的发展，市场交换必须通过一定的中介来进行，从而使交换专业化和简单化，并最终提高市场交换的效率，节省交易费用。市场媒介既包含市场交易的工具，如货币、信用等，也包括各种各样的市场中介组织，如招标代理公司、会计师事务所、律师事务所等，以及市场服务机构，如货币、信用的发行和运转机构等。

3. 市场的结构

在市场经济的运行中，竞争和垄断作为两种基本的力量，推动着市场经济的运行。依据市场经济运行中竞争和垄断的力量对比，基本的市场经济结构分为完全竞争、不完全竞争、寡头垄断和完全垄断四种市场经济结构。

（1）完全竞争市场

完全竞争市场是指一种竞争不受任何阻碍和干扰的市场结构，这种市场又称为纯粹竞争的市场。在完全竞争市场中只有竞争因素发挥作用，没有垄断。完全竞争市场具备四个特点：一是生产者和消费者众多，有大量的买者与卖者；二是自由进出，在竞争因素的作用下，资源完全自由流动，可以自由进入或退出；三是产品同质，产品的质量相同，没有差别；四是经济运行主体具有完全的信息，企业和消费者具有完全的知识，不存在欺骗行为。在完全竞争的市场结构中，价格是通过市场竞争形成的，任何一个生产者和消费者都是价格的被动接受者。厂商只能通过扩大生产规模或提高生产效率来提高利润。

（2）不完全竞争市场

不完全竞争市场也称为垄断竞争市场，是一种既有垄断又有竞争，既不是完全竞争又不是完全垄断的市场结构。不完全竞争市场结构具备以下三个特点：一是厂商的数量比较多，以致每个厂商都认为自己行为的影响很小，不会引起竞争对手的注意和反应，因而自己也不会受到竞争对手任何报复措施的影响；二是大量厂商生产有差别的同类产品，这些产品彼此之间都是非常接近的替代品；三是由于厂商规模比较小，厂商进入或退出市场比较容易。

（3）寡头垄断市场

寡头垄断市场是指在某一行业中只存在少数几家厂商，它们垄断了这一行业的市场，控制着这一行业的供给。寡头垄断的各个厂商的产品可以是同质的，也可以是有差别的。生产同质产品的寡头称为纯寡头，生产有差别产品的寡头称为差别寡头。由于为数不多的几个寡头在市场中占有很大的份额，这一点决定了寡头垄断市场具有区别于其他类型市场的一个独特特点——垄断者之间的相互依存性，即每个厂商在决策时不仅要考虑自己的成本和收益，而且要考虑这一决策对市场的影响和其他厂商可能做出的反应。

（4）完全垄断市场

完全垄断市场是不完全竞争的一种极端形式，是指在一个行业中只有一个生产厂商完全控制着这一产业，同时没有任何一个产业能生产出接近的替代品。完全垄断市场具备三个特点：一是市场上只有唯一的厂商生产和销售商品；二是该厂商生产和销售的商品没有任何相近的替代品；三是其他任何厂商进入该行业都极为困难或不可能。在这样的市场中，排除了任何竞争因素，独家垄断厂商控制了整个行业的生产和销售，所以垄断厂商可以控制和操纵市场价格。

在市场活动过程中，交换或买卖双方之间存在着实物和价值的经济联系，这种经济联系体现着它们各自的经济利益，因而决定着市场具有平等性、自主性、完整性、开放性和竞争性五个方面的特征。

（二）建筑市场

建筑市场是建筑产品需求者和供给者或服务者相互作用并共同决定建筑产品或服务的价格和交易数量的机制。这是一种广义的市场，既包括有形市场，如建设工程交易中心，又包括无形市场，如在交易中心之外的各种交易活动及各种关系的处理。建筑市场作为市场经济的重要组成部分，既有一般市场的普遍性，也有其特殊性。建筑市场的构成如图2-1所示。

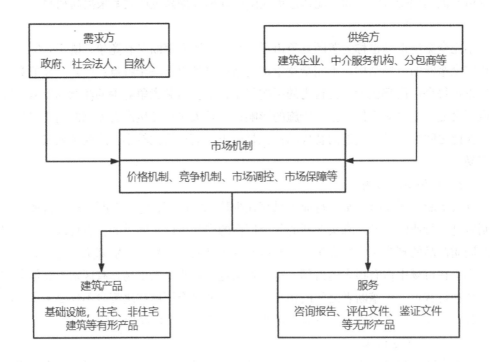

图 2-1 建筑市场的构成

（三）建筑市场的特点

建筑市场的主要客体——建筑工程，是一种特殊的商品，具有固定性、多样性和庞大性的特点；其生产具有流动性、单件性（一次性）和露天性的特点。这些特点与一般产业市场的交易对象及其生产的特点是相对立的。因此，建筑市场具有与其他产业市场不同的许多特点。

l. 建筑市场交易对象的社会性

建筑市场的交易对象主要是建筑产品，所有的建筑产品都具有社会性，涉及公众利益。例如，建筑产品的位置、施工和使用，影响到城市的规划及环境、人身安全。政府作为公众利益的代表，必须加强对建筑产品的规划、设计、施工、交易和竣工等的验收管理。

2. 生产与交易活动的统一性

建筑市场的生产活动和交易活动交织在一起，从工程建设的咨询、设计、施工发包与承包，到工程竣工、交付使用和保修，发包方与承包方进行的各种交易（包括生产），都是在建筑市场中进行的，都自始至终共同参与。即使不在施工现场进行的商品混凝土供应、构配件生产、建筑机械租赁等活动，也都是在建筑市场中进行的，往往是发包方、承包方、中介组织都参与活动。交易的统一性使得交易过程长，各方关系极为复杂。因此，合同的签订、执行和管理就显得非常重要。

3. 建筑市场主要交易对象的单件性

建筑产品具有单件性或一次性。因此，建筑产品不可能批量生产，建筑市场的买方只能通过选择建筑产品的生产单位来完成交易。建筑产品都是各不相同的，需要单独设计、单独施工。因此，无论是咨询、设计还是施工，发包方都只能在建筑产品生产之前，以招标要约等方式向一个或一个以上的承包商提出自己对建筑产品的要求，承包方则以投标的方式提出各自产品的价格通过承包方之间在价格和其他条件上的竞争，决定建筑产品的生产单位，由双方签订合同确定承、发、包关系。建筑市场的交易方式的特殊性就在于交易过程在产品生产之前开始，因此，业主选择的不是产品，而是产品的生产单位。

4. 建筑市场交易价格的特殊性

建筑产品的价值量很大，少则几十万元，多则数十亿元乃至数百亿元。因此，交易中价值量的确定与企业节约资金、降低成本和盈利等的关系很大。可以采用的计价形式也很多，如单价形式、总价形式、成本加酬金等形式均可选用；可以根据合同的约定作调整，也可以按照工程合同的约定不做调整；可以采用预付款按月结算的办法，也可以在竣工后一次结算或分阶段结算。每件产品，都要根据特定的情况，由交易双方协商确定价格和调整方法。

5. 建筑市场交易活动的长期性

一般建筑产品的生产周期为几个月到几十个月，在这样长的时间里，政府的政策及市场中的材料、设备、人工的价格必然发生变化，同时，还有地质、气候等环境方面变化的影响。因此，工程承包合同必须考虑这些问题，做出进行调整的规定。

6. 建筑市场交易活动的阶段性

建筑市场在不同的阶段具有不同的交易形态。在实施前，它可以是咨询机构提出的可行性研究报告或其他的咨询文件；在勘察设计阶段，可以是勘察报告或设计方案及图纸；在施工阶段，可以是一幢建筑物、一个工业群体；可以是代理机构编制的标底或预算报告，甚至可以是无形的，如咨询单位和监理单位提供的智力劳动。对各个阶段的严格管理，是生产合格产品的保证。

7. 建筑市场交易对象的整体性和分部分项工程的相对独立性

建筑产品是一个整体，无论是一个住宅小区、一座配套齐全的工厂或一栋功能完备的办公大楼，都是一个不可分割的整体，要从整体上考虑布局、设计及施工，要求有一个高素质的总承包单位进行总体协调。各专业施工队伍分别承担土建、安装、装饰的分包施工与交工，所以建筑产品交易是整体的，但在施工中需要按分部分项工程逐个进行验收，评定质量，分期结算，所以交易中分部分项工程有相对独立性。

8. 建筑市场交易活动的不可逆转性

建筑市场交易一旦达成协议，设计、施工等承包单位就必须按照双方约定进行设计和施工，一旦竣工，则不可能退换，不能再加工，所以对工程质量有着严格的要求。设计、施工和建材必须符合国家的规范、标准和规定，特别是隐蔽工程，必须严格检查合格后，方可进入下一道工序施工。

二、建筑市场的运行机制

建筑市场的运行机制包括价格机制、竞争机制和供求机制。

（一）建筑市场的价格机制

建筑产品的价格是建筑产品价值的货币表现，是物化在建筑产品中社会必要劳动时间的货币数量。在建筑市场中，建筑产品价格表现为建筑工程的承包价和结算价。它是建筑市场商品交换中现实存在的客观经济范畴。

1. 建筑产品价格的特点

建筑产品价格除具有一般商品价格的共性外，还具有其自身的特点。这些特点是由建筑产品、建筑生产和建筑产品交换方式的特点引发的。建筑产品价格的特点主要表现在以下几个方面。

（1）计价方法特殊

由于建筑产品具有单件性，不能成批生产，故也不可能成批计价，只能对每件产品（工程）单独计价。在市场经济下，业主招标时计算标底（或招标控制价），投标单位计算投标报价，中标价就是承包商的投标报价，在此价格的基础上签订合同价，合同价即成交价。在工程进展中由于工程变更引起价格的变化，在竣工后进行竣工结算，竣工结算价是建筑产品的实际买卖价格。

（2）结算方式特殊

一般说来，建筑产品的交易结算是分期进行的。在工程开工前，由业主支付一定数量的预付备料款。在工程开工后，按月结算（或分阶段结算）工程进度款。竣工后根据合同价、工程变更和预付款回收情况进行竣工结算，并预留保证金。保证金在缺陷责任期满后才支付。

（3）价格管理难度大

政府在管理价格时，一般要制定定额，规定计价方法，掌握价格水平，决定相关取费标准，还要提供相关资源调价信息等。由于建筑产品价格涉及较多的宏观问题，又与国民经济各部门产品的计价方法和计价水平相关，所以由政府进行建筑产品价格管理是必要的，但其管理难度是相当大的。

（4）地域性强

由于建筑产品的不可移动性，及地区资源价、土地价格、计价方法的差异，建筑产品计价必须因地制宜。

2.建筑市场的价格机制

建筑市场的价格机制是指建筑产品价格所具有的传导信息、配置资源、促进技术进步、降低社会必要劳动量的功能作用。由于建筑产品在计划经济下不被认为是商品，建筑产品价格背离价值规律，只能起到核算作用，所以，建立社会主义市场经济体制后，建筑市场价格机制的改革任务艰巨。

（1）完善价格形成机制

按照中国现行的建筑工程管理体制和建筑业改革发展方向，工程造价的形成机制应是：国家统一工程量计算规则，企业自己定价，中央和地方政府制定工程税费政策。

（2）加强价格运行机制

创造公平的招投标竞争环境，要求维持正常的建筑市场价格秩序，从根本上制止工程建设中的腐败行为。

（3）建立宏观价格调控体系

建筑市场中的价格机制要求宏观调控，调控的主要途径是以经济利益引导，有效地利用经济手段，鼓励采用先进的施工技术、管理手段和施工机械设备，以降低成本、提高效益。

（二）建筑市场的竞争机制

市场竞争是市场主体为取得有利的市场条件而进行的角逐。这种角逐不断向市场主体施加外在的压力，迫使市场主体为了取得和保护自己的经济利益而积极参与市场活动，以推动市场的发展和社会的进步。因此，竞争机制是市场机制中的压力机制。

建筑市场的竞争机制主要是指承包者之间的竞争，承包方为了取得施工任务，与竞争对手之间进行价格、质量、进度、节约、信誉、服务等多方面的竞争。通过竞争使承包者承担压力、增强活力，提高经营和管理水平，降低价格，提高质量，加快进度，减少消耗，讲究竞争策略和艺术，以在竞争中取胜。所以，建筑市场的竞争机制是使生产企业乃至整个行业的素质得到提高的动力。竞争机制主要通过工程招投标实现。

（三）建筑市场的供求机制

1. 建筑市场供求关系的种类

建筑市场的供求关系，根据建筑市场的构成体系可以划分为以下几种类型。

（1）建筑产品供求关系

建筑产品供求关系体现在业主与承包商之间的关系上。承包商为供方，业主为需方。承包商是商品的生产者，也是供应者；业主是商品的购买者，一般说来也是使用者或经营者。购买者和供应者是先成交（签订工程承包合同）后生产商品，因此，这是一种特殊的交易关系。

（2）生产要素供求关系

其包括劳动力供求关系、建筑物资供求关系、建筑机械设备租赁关系、建筑资金供求关系和建筑技术供求关系。

（3）中介服务供求关系

中介服务供求的需方主要是业主，少数是承包商。供方有工程监理公司、工程咨询公司、招投标服务公司、工程造价咨询公司、法律服务事务所等。供求的对象是"服务"，它是一种无形产品。

（4）建筑设计供求关系

建筑设计供求关系的需方是业主，供方是设计单位。

2. 建筑市场供求机制的特点

建筑产品和建筑生产的特性决定了建筑市场供求机制的以下特点。

（1）市场的供应和需求关系是通过招标、投标和签订合同确立的。

（2）市场的需求量不是由需求者自己的购买力和购买欲望决定的，而是由固定资产投资量决定的。

（3）市场的供求关系在产品生产之前就确立了。

（4）在建筑市场交换过程中，需方及中介组织的参与，对供方的生产和供需交换过程均产生影响，这种影响是积极的，既可以提供一定的服务，又起到监督作用。

（5）建筑市场供求在时间上的矛盾，不表现在需求上，主要体现在生产上，如雨期施工和冬期施工的问题。因此，解决这一矛盾需要制订合理的施工计划，采取必要的措施，以满足需方对交工期的要求。

（6）由于建筑市场的需求量不取决于供应量，而生产能力却受需求量的影响，因此建筑市场一般总是处于买方市场的状况。

第四节　基本建设与基本建设程序

一、基本建设的概念、分类、组成和程序内容

（一）基本建设的概念

基本建设，是指固定资产的建造、添置和安装，是国民经济各部门为了扩大再生产而进行的增加固定资产的建设工作。具体来讲，基本建设就是人们利用各种施工机具，使一定的土木工程材料、设备等，通过购置、建造和安装等活动，成为固定资产的过程，诸如工厂、矿山、公路、铁路、港口、学校、医院等工程的建设，以及机具、车辆、各种设备的添置与安装，与建设对象有关的工程地质勘探、设计等。基本建设的目的就是发展国民经济，提高社会生产力水平和人民的物质文化生活水平。

（二）基本建设的分类

1. 按基本建设的性质分

（1）新建项目

新建项目是指从无到有完全新开始建设的项目。有的建设项目原有基础很小，重新进行总体设计，经扩大建设规模后，其新增加的固定资产价值超过原有固定资产价值三倍以上的，也属于新建项目。

（2）扩建项目

扩建项目是指企业为扩大原有产品的生产能力或增加新的生产能力，事业单位为增加或扩大原有固定资产的使用效益，在原有基本建设的基础上再扩大建设一些项目。

（3）改建项目

改建项目是指企业为提高生产效率，改进产品质量，或改变产品的方向，对原有的设备、工艺流程进行技术改造的项目。企业为了提高综合生产能力所增加的一些附属和辅助车间或非生产性工程，也属于改建项目。

（4）恢复项目

恢复项目是指企业和事业单位的固定资产因自然灾害、战争或人为灾害等原因已全部或部分报废，而后又投资恢复建设的项目，无论是按原来规模恢复建设，还是在恢复的同

时进行扩建的都归为恢复项目。

2. 按基市建设投资用途分

（1）生产性建设

生产性建设是指直接用于物质生产或为满足物质生产需要的建设，如工业建设、农林水利气象建设、交通运输建设、商业和物资供应建设、地质资源勘探建设等。

（2）非生产性建设

非生产性建设是指用于满足人民物质和文化生活需要的建设，如住宅建设、文教卫生建设、公用事业建设等。

3. 按基市建设规模分

按照项目规模大小，将基本建设项目划分为大型项目、中型项目和小型项目。大、中、小型项目是按项目的建设总规模或总投资来确定的。对于建设项目的规模划分标准，国家发改委、住房和城乡建设部、财政部都有明确的规定。

（三）基本建设项目的组成

每项基本建设工程，就其实物形态来说，都由许多部分组成。为了便于编制各种基本建设的施工组织设计和概预算文件，必须对每项基本建设工程进行项目划分。基本建设工程可依次划分为建设项目、单项工程、单位工程、分部工程和分项工程。

1. 建设项目

建设项目是指有设计任务书，按照一个总体设计进行施工的各个工程项目的总体。建设项目可由一个工程项目或几个工程项目所构成。建设项目在经济上实行独立核算，在行政上具有独立的组织形式。在中国，建设项目的实施单位一般称为建设单位，实行建设项目法人负责制。如新建一个工厂、矿山、学校、农场，新建一个独立的水利工程、一条公路或一条铁路等，都由项目法人单位实行统一管理。

2. 单项工程

单项工程是建设项目的组成部分。单项工程又称为工程项目，是指具有独立的设计文件、独立施工、竣工后可以独立发挥生产能力并能产生经济效益或效能的工程，如工业建设项目中的生产车间、办公室和职工住宅；某公路建设项目中的某独立大、中桥梁或某隧道工程等。

3.单位工程

单位工程是单项工程的组成部分。单位工程是指不能独立发挥生产能力，但具有独立设计的施工图纸，并能独立组织施工的工程。如某生产车间可分为土建工程（包括建筑物、构筑物）、电气安装工程（包括动力、照明等）、工业管道工程（包括蒸汽、压缩空气、煤气等）、暖卫工程（包括采暖、上下水等）、通风工程和电梯工程等单位工程；某隧道单项工程可分为土建工程、照明和通风工程等单位工程。

4.分部工程

分部工程是单位工程的组成部分。它是按照单位工程的各个部位由不同工种的工人利用不同的工具和材料完成的工程，例如，土方工程、桩基础工程、脚手架及垂直运输工程、砌筑工程、混凝土及钢筋混凝土工程、构件运输安装工程、木结构工程、屋面及防水工程、金属结构制作工程、门窗工程、楼地面工程、顶棚装饰工程等。

5.分项工程

分项工程是分部工程的组成部分，它是将分部工程进一步划分为若干更细的部分，如土方工程可划分为基槽挖土、土方运输、回填土等分项工程。分项工程是建筑安装工程的基本构成因素，是工程预算分项中最基本的分项单元。

（四）基本建设程序的内容

基本建设程序是指基本建设项目从决策、设计、施工到竣工验收的整个工作过程中各个阶段的工作顺序。简而言之，基本建设程序即基本建设的全过程必须遵循的先后顺序。

中国现行的基本建设程序的具体内容包括以下几项。

1.项目建议书阶段

投资者根据国民经济的发展、工农业生产和人民物质生活与文化生活的需要，拟投资兴建某项工程，开发某项系列产品，并论证兴建该项目的必要性、可能性，拟订兴建的目的、要求、计划等内容，写成书面报告，建议有关上级部门批准兴建该项目。其内容如下。

（1）建设项目提出的必要性和依据。

（2）产品方案、拟建规模和建设地点的初步设想。

（3）资源情况、建设条件、协作关系。

（4）投资估算和资金筹措设想。

（5）项目进度设想。

（6）经济效益、社会效益和环境效益的初步估计。

2. 可行性研究阶段

建设项目的可行性研究，是在投资决策前，对与拟建项目有关的社会、经济、技术等各方面进行深入细致的调查研究，对各种可能采用的技术方案和建设方案进行认真的技术经济分析和比较论证，对项目建成后的经济效益进行科学的预测和评价。在此基础上，对拟建项目的技术先进性和适用性、经济合理性和有效性，以及建设必要性和可行性进行全面分析、系统论证、多方案比较和综合评价，由此得出该项目是否应该投资和如何投资等结论性意见，为项目投资决策提供可靠的科学依据。由于基础资料的占有程度、研究深度与可靠程度要求不同，可行性研究的各个工作阶段的研究性质、工作目标、工作要求各不相同，详见表 2-1。

表 2-1　可行性研究各工作阶段的要求

工作阶段	机会研究	初步可行性研究	详细可行性研究	评价与决策阶段
研究性质	项目设想	项目初选	项目准备	项目评估
研究要求	编制项目建议书	编制初步可行性研究报告	编制可行性研究报告	提出项目评估报告
投资估算精度	±30%	±20%	±10%	±10%

3. 编制设计任务书

设计任务书是确定基本建设项目、编制设计文件的主要依据。它在基本建设程序中起主导作用，一方面把国民经济计划落实到建设项目上；另一方面使建设项目及建成投产后所需的人力、财力、物力有可靠保证。一切新建、扩建、改建项目，都要按国家发展国民经济的计划和要求，按照项目的隶属关系，由主管部门组织有关计划、设计等单位，编制设计任务书。

4. 选择建设地点

建设地点的选择主要解决以下几个问题：一是工程地质、水文地质等自然条件是否可靠；二是建设时所需的水、电、运输条件是否落实；三是建设项目投产后的原材料、燃料等是否满足要求。当然，对生产人员的生活条件、生产环境也要全面考虑。建设地点的选择，必须在综合调查研究、多个方案比较的基础上，提出选址报告。

5. 编制设计文件

拟建项目的设计任务书和选址报告经批准后，主管部门就应委托设计单位，按照设计任务书的要求，编制设计文件。设计文件是安排建设项目、控制投资、编制招标文件、组织施工和竣工验收的重要依据。设计文件的编制必须精心设计，认真贯彻国家有关方针政策，严格执行基本建设程序的规定。

初步设计应根据批准的可行性研究的要求和相关技术资料（包括自然条件、基础设施、业主的要求等），拟定设计原则，选定设计方案，计算主要工程数量，提出施工方案的意见，编制设计概算，提供文字说明及图表资料。初步设计文件经审查批准后，是国家控制建设项目投资及编制施工图设计文件或技术设计文件（采用三阶段设计时）的依据，并且为订购和调拨主要材料、机具、设备，安排重大科研试验项目，征用土地等的筹划提供资料。

技术设计是初步设计的具体化，也是各种技术问题的定案阶段。技术设计所研究和决定的问题，与初步设计大致相同。对重大、复杂的技术问题通过科学试验、专题研究，加深勘探调查及分析比较，解决初步设计中未能解决的问题，落实技术方案，计算工程数量，提出修正的施工方案，编制修正设计概算，经批准后将之作为编制施工图设计的依据。

施工图设计主要是通过图纸，把设计者的意图和全部设计结果表达出来，作为工人施工制作的依据。它是设计工作和施工工作的桥梁。其具体包括建设项目各部分工程的详图和零部件、结构件明细表，以及验收标准、方法等。施工图设计的深度应能满足设备材料的选择和确定、非标准设备的设计与加工制作、施工图预算的编制、工程施工和安装的要求。

6. 列入年度计划

建设项目必须有经过批准的初步设计和总概算，进行综合平衡后，才能列入年度建设计划。批准的年度建设计划是进行基本建设拨款或贷款的主要依据。所有建设项目都必须纳入国家计划。大、中型项目由国务院或国家发改委批准，小型项目按隶属关系，在国家批准的投资总额内由各部门和各省、自治区、直辖市自行安排。自筹资金安排的项目，要在国家确定的控制指标内编制计划。

7. 施工准备

为了保证施工顺利进行，在施工准备阶段，建设主管部门应根据计划要求的建设进度，指定一个企业或事业单位组织项目管理机构（或采用"代建制"，即通过招标等方式，选择专业化的项目管理单位）。办理登记及拆迁，做好施工沿线有关单位和部门的协调工作，抓紧配套工程项目的落实，组织分工范围内的技术资料、材料、设备的供应。勘测设计单位应按照技术资料供应协议，按时提供各种图纸资料，做好施工图纸的会审及移交工作。业主通过工程招投标确定承包商，承包商接到中标通知书后，应尽早组织劳动力、材料、施工机具进场，进行施工测量、搭设临时设施，熟悉图纸的要求，编制实施性施工组织设计和施工预算，提交开工报告，按投资隶属关系报请有关部门核准。银行应会同建设、设计、施工单位做好图纸的会审，严格按计划要求进行财政拨款或贷款。

8. 建设实施

承包商要遵照施工程序合理组织施工，在施工过程中应严格按照设计要求和施工规范，确保工程质量，安全施工，推广应用新工艺、新技术，努力缩短工期、降低造价，同时应注意做好施工记录，建立技术档案。

9. 生产准备

基本建设的最终目的是形成新的生产能力或效益，为了保证项目建成后能及时投产，业主要根据建设项目的生产技术特点，组织专门的生产班子，抓好各项生产准备工作，如建立各级生产指挥系统和相应机构；制定颁发各种管理制度和安全生产操作规程；培训生产骨干和技术工人；组织工具、用具、备品、配件的采购与加工；签订原材料、燃料、动力、运输及生产协作的协议等。

10. 竣工验收、交付使用

工程验收是一项十分细致而又严肃的工作，必须从国家和人民的利益出发，按照《关于基本建设项目竣工验收暂行规定》和《公路工程竣工验收办法》的要求，认真负责地对全部基本建设工程进行总验收。竣工验收包括对工程质量、数量、期限、生产能力、建设规模、使用条件的审查，对建设单位和施工企业编报的固定资产移交清单、隐蔽工程说明和竣工结算等进行细致检查。

11. 建设项目后评价

建设项目后评价是工程项目竣工投产、生产运营一段时间后，再对项目的立项决策、设计施工、竣工投产、生产运营等全过程进行系统评价的一种技术经济活动，是固定资产投资管理的一项重要内容，也是固定资产投资管理的最后环节。通过建设项目后评价达到肯定成绩、总结经验、研究问题、吸取教训、提出建议、改进工作，不断提高项目决策水平和投资效益的目的。

二、基本建设与建筑业的区别和联系

（一）基本建设与建筑业的区别

1. 两者活动的性质各不相同

建筑业从事建筑产品的建造活动，其性质是物质生产活动；而基本建设活动的主要内容是筹集资金、征购土地、设备购置、人员培训、发包工程等一系列与固定资产形成相关的活动，其性质属于投资活动。

2.两者承担的工作任务不一样

建筑业的主要任务在于从事建筑产品的生产，为国民经济各部门形成固定资产提供所需的建筑产品；基本建设的主要任务是，在一定的投资限额内，合理分配和使用投资，及时订购质量优良、价格合理的设备与器具，节约建设用地，检查与监督发包工程的质量与施工进度，以保证固定资产按时保质完成。

（二）基本建设与建筑业的联系

I.按照需要形成固定资产，是两者共同追求的目标

这一共同点，使建筑业与基本建设有着不可分割的联系。建筑业生产的建筑产品是基本建设投资活动的主要对象之一，建筑产品的价值是固定资产价值的重要组成部分。除单纯购置不需要安装的机器设备以外，大部分基本建设活动都离不开建筑业，同样，绝大部分建筑生产活动，也是为了完成固定资产的建设任务。而基本建设的规模，对建筑业的发展又有着重大影响。但是，不能由此认为固定资产投资的经济活动包括建筑产品的生产活动，也不能认为建筑业是附属于基本建设的一个物质生产环节。

2.两者的经济关系本质是商品交换关系

在市场经济条件下，两者之间关系的经济本质，是建设项目业主与建筑业（直接体现为承包商）之间的商品交换关系，即建筑产品的买与卖的关系。可见，基本建设是投资者（建设项目法人）运用投资形成固定资产的经济行为，属于买方的购买活动；建筑业建造产品并最终使其转化为固定资产，其活动属于卖方的生产经营活动。它们之间通过经济合同的形式相互联系，在平等的基础上实现公平交易。只有正确认识并处理好两者之间的这种经济关系，才有利于基本建设任务的完成和建筑业的健康发展。

第三章　建设项目资金筹措

第一节　建设项目资金筹措概述

一、建设项目融资含义及特点

（一）建设项目融资的含义

建设项目融资（Construction Project Finance）是指贷款人向特定的工程项目提供贷款协议融资，对于该项目所产生的现金流量享有偿债请求权，并以该项目资产作为附属担保的融资类型。它是一种以项目的未来收益和资产作为偿还贷款的资金来源和安全保障的融资方式。

从广义上讲，为了建设一个新项目、收购一个现有项目或者对已有项目进行债务重组所进行的一切融资活动都可以被称为项目融资。从狭义上讲，项目融资是指以项目资产、预期收益或权益做抵押取得的一种无追索权或有限追索权的融资或贷款活动。一般提到的项目融资仅指狭义上的概念。

项目融资的基本参与三方包括如下对象。

1. 项目发起人

是指发起该项目，为项目公司提供部分资金和信用支持的人。项目发起人可以是一个企业，也可以是多个投资者构成的联合体。

2. 项目公司

按照项目的合资协议建立，它的法律形式为有限责任公司或者股份有限公司，作为一个独立的法人运行，它作为融资主体，是项目的直接主办人。

3. 项目贷款人

是指向项目提供贷款，通过持股的形式拥有项目的个人或企业。

（二）项目融资的特点

1. 融资的信用基础是建设项目未来的现金流量和资产，而不依赖于项目发起人或投资人的信用。

2. 有限追索。贷款人不能追索除该项目资金、现金流以及所承担义务之外的任何形式的财产。

3. 融资风险分散，担保结构复杂。由于项目融资资金需求量大、风险高，所以往往由多家金融机构提供资金，并通过书面协议明确各贷款银行承担风险的程度，一般还会形成结构严谨而复杂的担保体系。

4. 可安排资产负债表外融资（简称表外融资儿）。

5. 融资风险和融资成本较高，组织融资时间较长。

二、建设项目融资主体

（一）既有法人融资项目和新设法人融资项目

项目的融资主体是指进行融资活动并承担融资责任和风险的项目法人单位。按照融资主体的不同，项目分为既有法人融资项目和新设法人融资项目，见表3-1。

表 3-1　新设法人与既有法人融资对比表

对比点	新设法人融资	既有法人融资
概念	组建新的项目法人进行项目建设的融资活动	以既有法人作为项目法人进行项目建设的融资活动，又称公司融资
特点	①项目投资由新设法人筹集的资本金和债务资金构成 ②新设法人承担融资责任和风险 ③从项目投产后的经济效益情况考察偿债能力	①拟建项目部组建项目法人，由既有法人同意组织融资活动并承担融资责任和风险 ②拟建项目一般是在既有法人资产和信用的基础上进行，并形成增量资产 ③一般从既有法人的财务整体状况考察融资后的偿债能力
其他	①新组建的法人拥有项目的财产和权益，并承担融资责任和风险 ②新设法人可按《公司法》的规定设立有限责任公司（包括国有独资公司）或和股份有限公司	①既有法人负责筹集资金，投资新项目，不组建新的独立法人，责任由既有法人承担 ②融资方案要与公司总体财务安排相协调，将其作为公司理财的一部分

I. 既有法人融资项目

项目由现在企业单独发起，不再组建新的企业法人，现有企业开展融资活动并承担融资责任和投资风险，具有上述特点的投融资项目称为既有法人融资项目。既有法人融资项目属于企业整体的一部分，投资项目的资金来源于现有企业的内部自有资金、新增资本金和新增债务资金，由于项目产生的新增债务资金还依赖于投资项目的企业整体盈利能力，必须以既有法人整体的资产和信用承担债务担保。既有法人融资项目既可以是在既有基础上进行的，以增量资产带动存量资产，如技术改造项目、改建项目、扩建项目，也可以是非独立法人的新建项目。

2. 新设法人融资项目

新设法人融资是由项目发起人（企业或政府）发起组建具有独立法人资格的项目公司，由组建的项目公司承担融资责任和风险，依靠项目自身的盈利能力来偿还债务，以项目投资形成的资产、未来收益或权益作为融资项目保证的基础。

（二）项目资金分析说明

I. 注册资金（Registered Capital）

注册资金是公司登记机关依法登记的全体股东或者发起人实缴或者认缴的出资额。注册资金是企业实有资产的总和，反映投资人对公司出资金额的责任限度和企业经营管理权。注册资金随实有资金的增减而增减，即当企业实有资金比注册资金增加或减少 20% 以上时，要进行变更登记。

根据《公司法》的有关规定，有限责任公司注册资本的最低限额为人民币 3 万元；一人有限责任公司注册资本的最低限额为 10 万元，且股东应当一次缴足出资额；股份有限公司注册资本的最低限额为 500 万元。

外商投资企业的注册资金要求与生产经营规模相适应。中国规定了注册资金占投资总额的最低比例：投资总额 300 万美元以下的，注册资金占总投资的比例不低于 70%；投资总额在 300 万到 1000 万美元之间的，注册资金占总投资的比例不低于 40%，其中投资总额在 1250 万美元以下的，注册资金不低于 500 万美元；投资总额在 3000 万美元以上的，注册资金占比不低于三分之一，其中投资总额在 3600 万美元以下的，注册资金不低于 1200 万美元。

2. 权益资金（Equity Capital）

权益资金的来源渠道和筹措方式，应根据融资主体的特点选择。采用新设法人融资方式时，权益资金可通过股东直接投资、发行股票、政府财政性资金等渠道筹措。既有法人融资除上述渠道和方式外，还有既有法人的内部自有资金（企业经营产生的现金、企业资产变现等）。债务资金可通过商业银行贷款、政策性银行贷款、外国政府贷款、国际金融机构贷款、出口信贷、企业债券、国际债券、融资租赁等渠道筹措。工程经济分析中，优先股股票被视为权益资金；可转换债券，在未兑换股票时应视为债务资金，公司的股东对公司提供贷款，即股东贷款，应视为债务资金。

权益资金是股东认缴的出资额，通过投入权益资金，股东取得对企业的所有权、控制权、收益权。股东投入的权益资金，形成公司注册资本和资本公积金，一般股东按照所投入的注册资本比例分享投资收益。

为了建立投资风险约束机制，有效地控制投资规模、提高投资效益，国家对于固定资产投资项目实行资本金制度。根据国务院发布的规定，从 1996 年开始，国有单位和集体投资项目必须首先落实资本金才能进行建设。个体和私营企业的经营性投资项目参照执行。公益性投资项目不实行资本金制度。

资本金比例的计算基数是项目的建设投资与铺底流动资金之和。铺底流动资金按照全部流动资金的30% 计算。国家规定不同行业项目的资本金最低比例是交通运输、煤炭项目的资本金比例为35% 及以上；钢铁、邮电、化肥项目的资本金比例为25% 及以上；电力、机电、建材、化工、石油加工、有色、轻工、纺织、商贸及其他行业项目的资本金比例为20% 及以上。根据国民经济的实际发展情况，政府相关部门可能调整建设项目的资本金比例要求。

3. 自有资金（Own Capital）

自有资金有两种定义：一是指企业自己拥有的权益资金；二是指投资者自筹的资金。各个企业由于生产资料所有制形式和财务管理体制的不同，取得自有资金的渠道也不一样。

（1）全民所有制企业自有资金的构成

一部分来自国家财政拨款，以及固定资产的无偿调入等；一部分来自企业内部积累，即按国家规定，从成本和税后留利中提存的各项专用基金。此外，还来自定额负债，即企业根据有关制度和结算程序的规定，应付和预收的款项中能够经常使用的一部分资金。例如，应交税金，应交利润，预提费用以及某些生产周期长、按完工程度预收的货款中能够经常支配使用的部分。定额负债在财务处理上视同企业自有流动资金参加周转。

（2）集体所有制企业自有资金的构成

集体所有制企业的自有资金，主要来自劳动群众投入的股金和由企业内部积累形成的公积金、公益金及其他各项专用基金。在西方国家，私营企业的自有资金主要来自股东的投资和企业的未分配利润。

4. 资本公积金（Additional Paid-In Capital）

资本公积金是指由投资者或其他人（或单位）投入，所有权归属于投资者，但不构成实收资本的那部分资本或者资产。即资本公积金从形成来源看是投资者投入的资本金额中超过法定资本的部分，或者其他人（或单位）投入的不形成实收资本的资产转化形式，它不是由企业实现的净利润转化而来，本质上属于资本的范畴。

依照公司法及其他相关规定，资本公积金的构成包括两个方面：一是股份有限公司以超过股票票面金额的发行价格发行股份所得的溢价款；二是国务院财政部门规定列入资本公积金的其他收入。资本公积金的不同来源反映在会计科目上表现为"资本（或股本）溢价""接受非现金资产捐赠准备""接受现金捐赠""股权投资准备""拨款转入""外币资本折算差额""关联交易差价""其他资本公积"等明细科目。

资本公积金按其来源和用途可分为一般项目、准备项目和特殊项目。其中，一般项目中的"资本（或股本）溢价"主要用于转增资本，这也是资本公积金的主要组成部分；资本公积金中的各种准备项目，如股权投资准备、非现金资产捐赠准备等，是所有者权益的一种准备，在实现前，不得用于转增资本（或股本）；特殊项目主要是企业改制兼并过程中形成的一些资本公积金，一般有特殊的规定。

因此，资本公积金从本质上讲属于资本的范畴。不同来源形成的资本公积金由所有投资者共同享有，通常被视为企业的永久性资本，不得任意支付给股东，一般只有在企业清算时，清偿所有的负债后才能将剩余部分返还给投资者。

三、建设项目产权结构

建设项目投资者以资本金形式投入的资金称为"权益投资"。权益投资取得对项目（或企业）产权的所有权、控制权和收益权。权益投资有多种方式，不同的投资方式构成了不同的投资产权结构。根据中国有关法律、法规，权益投资主要有股权式合资结构、契约式合资结构和合伙制结构三种方式。

（一）股权式合资结构

依照《中华人民共和国公司法》规定，设立的有限责任公司、股份有限公司是股权式合资结构。在这种投资结构方式下，按照法律规定设立的公司是一个独立的企业法人，公司有独立的法人财产，享有法人财产权。公司以全部资产对其债务承担偿还的义务。有限责任公司的股东以其认缴出资额为限对公司承担责任；股份有限公司股东以其认购的股份为限对公司担任责任。

（二）契约式合资结构

契约式合资结构是建设项目的投资人为实现共同目标，以合作协议方式结合在一起的投资结构。在这种投资结构下，投资各方的权利和义务由合作协议约定，可以不按出资比例分配，而是按契约约定建设项目风险和收益进行分配。这种投资结构在石油天然气勘探开发、矿产开采、初级原材料加工行业使用较多。

（三）合伙制结构

合伙制结构是两个或两个以上合伙人共同从事某项投资活动而建立起来的一种法律关

系。合伙制结构有两种基本形式，分别为一般合伙制和有限合伙制。在一般合伙制下，每一个合伙人对于合伙机构的债务及其他经济责任和民事责任均承担无限连带责任。在有限合伙制下，合伙人中至少有一个一般合伙人和一个有限合伙人。一般合伙人对于合伙机构承担无限连带责任，有限合伙人只承担有限责任。

一般合伙制通常只适用于一些小型项目，有限合伙制可以在一些大型基础设施建设及高风险投资项目中使用。通常，有限合伙人只提供有限的资金投资，不参加项目的日常经营管理。有限合伙人通常是资金雄厚的大公司，通过有限合伙制使用资金在项目的投资期内取得税务抵扣的优惠，同时取得项目未来的高回报，对于高风险投资只承担有限的投资损失。

四、建设项目资本结构

总负债和总资本的比率，通常称为负债率（Debt Ratio）或者资本结构（Capital Structure），表示总资本中借贷资金的百分比。比如说，负债率为 0.4，代表总资产中的 40% 是外部借款，剩余的资金来自公司的权益（留存盈余或者股票发行）。对这一类融资方式，我们称为混合融资（Mixed Financing）。

借款通常会影响企业的资本结构，在决定最终的融资决策前，企业必须计算负债率对于企业市场价值的影响。即使债务融资很吸引人，也必须理解企业不应该仅以债务融资的方式进行项目融资。企业通常会在考虑各种融资方式的影响后，建立一个目标资本结构（Target Capital Structure）或者目标负债率（Target Debt Ratio）。这一目标比率随着商业环境的变化而变化，但是无论何时考虑融资决策，企业的管理层通常都努力保护这一目标比率。一方面，如果实际负债率低于目标负债率，那么新的资本需求可以通过发行债券来满足；另一方面，如果实际负债率高于目标负债率，那么资本扩张需要通过发行股票来实现。

一个典型的企业是如何决定它的目标资本结构的？这是个非常难回答的问题，但是可以列出一些影响资本结构政策的因素。

首先，资本结构政策应体现风险和收益之间的权衡。当企业在商业扩张中承担更多的债务时，内在商业风险将同时增加，但是投资者会把具有较高预期收益率公司的扩张视作有利的信号。当投资者认为投资具有较高风险时，企业的股价就会降低，相反，当投资者具有高收益时，企业的股票就会升值。最佳的资本结构就是在商业投资风险和预期未来收益两者间寻找一个平衡点。企业的商业风险越大，最佳负债率就越低。

其次，企业运用债务融资的方式的一个主要原因是，在商业运作中，利息可以作为可扣除费用抵减所得税，从而降低借款的有效成本。股息是付给普通持股人的，但不能在税前扣除。企业使用债务融资，必须支付贷款利息，而如果它运用权益融资，也无须向股东支付利息。一家公司只需在税前利润中取 1 美元用来支付 1 美元的利息，但是假设该公司税率为 35%，就需要 1/（1-0.35）=1.54 美元的税前利润用于支付 1 美元的股息。

最后，融资的灵活性——在金融市场内进一步融资的能力，也是一个重要的参考因素，企业需要为稳定的经营提供持续的资本，当货币趋紧时应投资那些具有健康结构的公司，即那些具有低负债率的公司。

商业风险、税务、融资灵活性三个元素是决定公司最佳资本结构的主要因素。

第二节　建设项目融资模式

一、建设项目融资来源

资金筹措渠道是指项目资金的来源。融资渠道主要有以下几种。

（一）政策性贷款

I.国家政策性银行贷款

国家政策性银行贷款是指中国政策性银行（如国家开发银行、中国进出口银行、中国农业发展银行）提供的贷款。

2.外国政府贷款

外国政府银行贷款是指外国政府向发展中国家提供的长期优惠性贷款。

3.国际金融组织贷款

国际金融组织贷款主要是指国际货币基金组织、世界银行、国际开发协会、国际金融公司、亚洲开发银行等组织提供的贷款。

（二）债券

I.主要类型

债券是一种在发行公司全部偿付之前，必须逐期向持有者支付定额利息的证券。债券有许多种类型。

（1）国内公司（企业）债券

债券融资是建设项目筹集资金的主要形式之一。

（2）可转换债券

它是指在规定期限内的任何时候，债券持有人都可以按照发行合同指定的条件把所持债券转换为发行企业的股票的一种债券。

（3）海外债券融资

海外债券是由一国政府、金融机构、企业或国际组织，为筹措资金在国外证券市场上发行的、以某种货币为面值的债券。海外债券也称为国际债券，包括外国债券和欧洲债券。

（4）海外可转换债券

它是指向国外发行的可转换债券。

2. 债券融资的优缺点

债券融资有：资金成本低，保证公司的控制权，具有财务杠杆的正效应等优点。债券融资也有：融资风险高，限制条件多，筹资有限等缺点。

（三）股票

股票融资有 A 股融资、B 股融资、海外上市融资、存托凭证融资、借壳上市融资等。

股票融资与其他融资方式相比，具有以下优点：第一，筹措的资本具有永久性，没有到期日，不需归还；第二，发行股票筹资没有固定的股利负担；第三，发行股票筹资的资本是公司最基本的资金来源，它反映了公司的实力，可作为其他融资方式的基础，尤其可为债务人提供保障，增强公司的举债能力；第四，由于股票的预期收益较高，并可在一定程度上抵消通货膨胀的影响，因此股票投资容易吸收资金。

运用股票筹措资本也存在一些缺点：首先，从投资者的角度讲，投资股票风险较高，当然相应地，有较高的投资回报率；其次，对于筹资公司来讲，股利从税后利润中支付，不像债券利息那样作为费用从税前支付；再次，股票的发行费用一般也高于其他证券。

（四）产权嫁接融资

产权嫁接融资是指将企业目前的部分资产转让，或扩大产权规模，吸收新的投资者加入，以产权的变动为纽带，改变目前的产权结构而发生的投融资行为。

1. 非上市公司产权融资

非上市公司产权融资的主要方式有如下几种。

（1）兼并

兼并是将两家或两家以上的独立企业、公司合并成一家企业的产权变更行为。企业兼并主要有购买式兼并、承担债务式兼并和吸收股份式兼并等形式。

（2）股权转让

它是指为了盘活存量资产，实现资本利得增值，公司将其部分产权转让给其他企业，从而实现产权融资。

（3）增资扩股

主要有两种形式，一是原有企业保持现有的股权结构比例不变，不吸收新的股东，原有产权持有人按照现有股权比例追加投资；二是吸收新的股东，进行公司改组的产权融资。

2.国际产权融资

国际产权融资包括非上市公司产权融资和上市公司产权融资两大类。

（五）外商直接投资

1.举办中外合资经营企业

中外合资经营企业是指由中国投资者和外国投资者共同出资、共同经营、共负盈亏、共担风险的企业，它的组织形式是有限责任公司。目前，合资经营企业还不能发行股票，而采用股权形式，按合资经营各方的投资比例分担盈亏。

2.举办中外合作经营企业

国际上通常将合作经营企业分为两类，一类是"股权式合作经营企业"，另一类是"契约式合作经营企业"。

3.利用外商直接投资的优缺点分析

利用外商直接投资具有以下优点：（1）吸收投资支付的资金属于自有资金，能增强企业或项目的信誉和借款能力，对扩大经营规模、壮大项目实力具有重要作用；（2）能直接获取投资者的先进设备和先进技术，尽快形成生产能力，尽快开拓市场；（3）根据项目建成投产后的实际盈亏状况向投资者支付报酬，建成经营的企业无固定的财务负担，故财务风险较小。

利用外商直接投资具有以下缺点：（1）吸收投资支付的资金成本较高；（2）吸收投资容易失去企业的控制权。

（六）项目融资

项目融资（Project Financing）是以特定项目的资产、预期收益或权益作为抵押而取得的一种无追索权或有限追索权的融资或贷款。该融资方式一般应用于现金容量稳定的发电、道路、铁路、机场、桥梁等大型基建项目。为一个特定的经济实体所安排的融资，其贷款人在最初考虑安排贷款时，满足于使用该经济实体的现金流量和收益作为偿还贷款的资金来源，并满足于使用该经济实体的资产作为贷款的安全保障。该定义在说明项目融资概念的同时，也指出了贷款方为一实体经济安排融资时，必须满足的两个条件，即"使用该经济实体的现金流量和收益作为偿还贷款的资金来源"。

项目融资方式具有以下作用。

1. 为超过投资者自身筹资能力的大型项目融资。

2. 为政府建设项目提供形式灵活多样的融资，满足政府在资金安排方面的特殊需求。

3. 为跨国公司海外投资项目安排有限追索权融资，以规避项目风险。

4. 利用财务杠杆实现公司的目标收益率。

5. 可在一定程度上隔离项目风险与投资者的风险。

（七）商业性银行贷款

I. 国内商业银行贷款

中国规定，申请商业性银行贷款应具备的基本条件为产品有市场，生产经营有效益，不挤占、不挪用商业资金，恪守信用等。

2. 国际商业银行贷款

国际商业银行贷款的提供方式有两种：一种是小额贷款，由一家银行独自贷款；另一种是金额较大，由几家甚至几十家商业银行组成的银团贷款，又称为"辛迪加贷款"。为了分散贷款风险，对数额较大的贷款大多采用后一种做法。

3. 国际出口信贷

出口信贷是以出口国政府为后盾，通过银行对出口贸易提供信贷。

（八）其他融资

I. 境外投资资金融资

利用境外投资资金对中国的基础设施建设、基础产业开发、现有企业技术改造进行直接投资，是中国企业利用外资的重要方式之一。从投资基金的投资区域上看，可以分为全球基金、地区基金和国家基金。

2.租赁融资

租赁融资是一种将金融、贸易与租赁相结合，使租赁物品的所有权与使用权相分离的信贷方式。这种融资方式既不是直接放贷，也不同于传统的财产租赁，而是集融资和融物于一体，兼有金融与贸易双重职能的融资方式。

对于公司来说，购买资产的目的是使用资产并获得收益，也就是说，资产的使用权相比所有权更实际、更重要。租赁就是一种获取资产使用权的融资方式，是资产购买的替代方式。由于大多数租赁在 10 年期以内，因此租赁被划入中期融资之列。目前，几乎所有形式的资产都可以通过租赁方式获得。按与租赁资产所有权有关的风险和报酬归属，可将租赁融资分为经营租赁和资本租赁，具体租赁的种类有以下几种。

（1）经营租赁

经营租赁主要是为满足经营上的临时或季节性需要而租赁的资产，与所有权有关的风险或报酬实质上并未转移。在这种租赁方式下，出租人不仅提供租赁自查，而且还提供资产的维修、保险等服务。例如，美国的 IBM 公司是最早开展经营租赁业务的公司之一，最早的固定资产租赁业务主要涉及计算机、办公复印设备和汽车等。经营租赁有一个重要的特征，就是不要求全部摊提固定资产价值，即经营租赁的租赁费用不是全部按照所租赁固定资产的原始价值计算的，全部租赁费用之和不足以抵补租赁费用的全部成本。一般来说，经营租赁的租赁期比租赁资产的预计经济使用年限短，在租赁期结束时，出租人要求承租人归还租赁资产或者续约租赁权以收回租赁资产的全部原始成本。经营租赁契约通常包括解约条款，根据这一条款，承租人在约定的租赁期结束以后有权取消租赁契约，返还租赁设备。这表明，若出租人设备落后或因承租人经营状况不佳不再继续租赁设备，承租人有权终止租赁设备。

（2）资本租赁（融资租赁）

资本租赁是一种具有融资、融物双重职能的租赁方式，即由出租人购买承租人选定的资产，并享有资产所有权，再将资产出租给承租人，承租人在一定期限内有偿使用。它实际上转移了与资产所有权有关的全部风险和报酬。资本租赁是由机器设备制造商、租赁公司和使用厂家共同组成的一种租赁方式。与经营租赁不同，它具有三个特点：在资本租赁业务中，出租人并不提供设备的维修服务；资本租赁业务是不能解约的；租赁设备的原始成本必须全部摊入各期租赁费用中，也就是说出租人的租赁费用必须等于租赁设备的全部成本加上租赁投资的报酬。

资产租赁与经营租赁的比较见表 3-2。

表 3-2 资本租赁与经营租赁的比较

方式	经营租赁	资本租赁
服务方式	提供物资服务	提供金融和推销服务
合同特征	一份合同，两个当事人	两份合同，三方当事人
业务性质	租赁业务	金融业务
经营风险	出租人	承租人
出租人收益	租金	利息
计提折旧	出租人	承租人
物件选择	出租人	承租人
物件维护	出租人	承租人
租期	短期	中长期
期满物件归属	出租人	承租人
回收投资	多次	一次
租赁对象	通用设备	专用大型设备

对于项目发起人来说，采用哪种租赁融资方式应取决于这两种方案在经济上的比较，其比较的原则和方法与一般的互斥投资方案并无实质上的差别。

采用资本租赁方案的现金流量为

净现金流量＝营业收入－经营成本－经营费－所得税税率 ×

（营业收入－经营成本－折旧－利息） （3-1）

采用购置方案的现金流量为：

净现金流量＝营业收入－经营成本－资产购置费－所得税税率 ×

（营业收入－经营成本－折旧） （3-2）

从式（3-1）和式（3-2）中可以看出，当租赁等于资产购置费的年度费用时，其区别仅在于税金的大小，显然资本租赁方案所付的所得税较少，这是对企业有利的。

（3）售后租回

公司在出售某资产以后再从购买者手中租回该资产设备，称为售后租回。一方面，售后租回可以使公司取得现金流入，即资产的销售收入；另一方面，也可以使公司继续使用该项资产，因此售后租回也是一种租赁方式，具有资本租赁的基本特征。售后租回与资本租赁的区别主要表现在：在资本租赁中，租赁设备是由出租人向设备制造商或者供应商购置的新设备；而售后租回，试用者、承租人和设备供应商都是一个"人"，售后租回中买方和出租人通常是保险公司、租赁公司、金融机构或行业银行等。

（4）举债经营租赁

它是由出租人、承租人和贷款人三方共同组成的一种租赁方式。典型的举债经营租赁方式是：贷款人首先向出租人提供租赁设备的购买货款，然后将用借款购置的设备出租给承租人。承租人支付租赁费，首先用于偿还贷款人，剩余部分是出租人的投资报酬，租赁组成的折旧和投资税金都归出租人。若出租人无力偿还借款，则贷款人享有租赁资产和租赁费用的要求权。因此，租赁资产变质和承租人破产的风险都由贷款人承担，贷款人要求的利息也必须能补偿其所承担的风险。

（5）杠杆租赁

在这种方式下，出租人一般只会出全部设备金额的 20% ~ 40%，其余资金则以出租设备作为抵押，由金融机构贷款解决。贷款人提供信贷时，对出租人无追索权，其余资金偿还的保障在于设备本身及租赁费。这种租赁方式对于出租人和承租人都有利。出租人只需拿出设备价格 20% ~ 40% 的资金，便可以得到 100% 的加速折旧的好处。这样，出租人就可以降低租金，与承租人共享收益。

二、建设项目资金筹措的分类

资金筹措又称融资，是以一定的渠道为某种特定活动筹措所需资金的各种活动的总称。在建设项目经济分析中，融资是为建设项目投资而进行的资金筹措行为或资金来源方式。资金筹措的种类一般有以下几种。

（一）按照融资的期限

按照融资的期限，可以分为长期融资和短期融资。

长期融资是指企业因固定资产投资、无形资产投资或长期投资等资金需求而筹集的、使用期限在 1 年以上的融资。长期融资通常采用吸收直接投资、发行股票、发行长期债券或进行长期借款等方式进行融资。

短期融资是指企业因季节或临时性资金需求而筹集的、使用期限在 1 年以内的融资。短期融资一般通过商业信用、短期借款和商业票据等方式进行融资。

（二）按照融资的性质

按照融资的性质，可分为权益融资（Equity Financing）和债务融资（Debt Financing）。

权益融资和债务融资是企业为其投资项目募集资金的两种主要方法。权益融资是指以所有者的身份按照投入非负债性资金的方式进行的融资。权益融资形成企业的"所有者权益"和项目的"资本金"。权益融资在中国项目资金筹措中具有强制性。权益资金有以下两种形式：运用未分配给股东的留存盈余；发行股票。两种形式都是从现有或者新公司所有者手里募集资金。

权益融资的特点如下。

1. 权益融资资金筹措具有永久性特点，无到期日，不需归还。项目资本金是保证项目法人对资本的最低要求，是维持项目法人长期稳定发展的基本前提。

2. 没有固定的按期还本付息压力。股利的支付与否和支付多少，视项目投产经营后的实际经营效果而定，因此项目法人的财务负担相对较小，融资风险较小。

3. 权益融资是负债融资的基础。权益融资是项目法人最基本的资金来源，它体现着项目法人的实力，是其他融资方式的基础，尤其可为债权人提供保障，增强公司的举债能力。

（三）按融资的风险程度

按风险承担的程度，可分为冒险型筹资类型、适中型筹资类型、保守型筹资类型。

I. 冒险型筹资类型

如图 3-1 所示，在冒险型筹资类型中，一部分长期资产由短期资产融通。

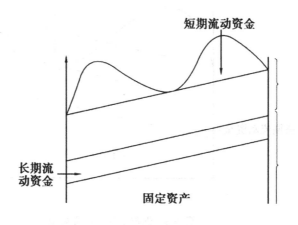

图 3-1　冒险型筹资类型

2. 适中型筹资类型

如图 3-2 所示，在适中型筹资类型中，固定资产及长期流动资产所需的资金均由长期资金安排，短期资金只投入短期流动资产。

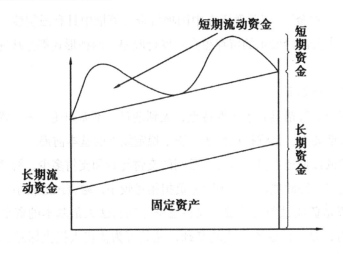

图 3-2　适中型筹资类型

3.保守型筹资类型

如图 3-3 所示，在保守型筹资类型中，长期资产和短期流动资产的一部分采用长期资金来融通。

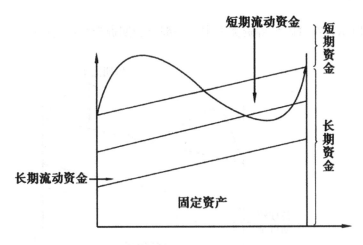

图 3-3　保守型筹集资金类型

若筹措类型的安全性高、风险低，则资产的收益率相对较低；反之，则收益率高。企业采取何种筹措类型，需根据具体情况进行分析，最终取决于管理者对风险的厌恶程度及对收益与风险的权衡抉择。

（四）按照不同的融资结构安排

按照不同的融资结构安排，可分为传统融资方式和项目融资方式。

传统融资方式是指投资项目业主利用其自身的资信能力去安排的融资。

项目融资的方式特指某种资金需求量巨大的投资项目的筹资活动，而且以负债作为资金的主要来源。项目融资主要不是以项目业主的信用或者项目有形资产的价值作为担保来获得贷款，而是将项目本身良好的经营状况和项目建成、投入后的现金流量作为偿还债务的资金来源，同时将项目的资产作为借入资金的抵押。

由于项目融资借入的资金是一种无追索权或仅有有限追索权的贷款，而且需要的资金量又非常大，故其风险也比传统融资方式大得多。项目融资有时也称为无担保或有限担保贷款，也就是说项目融资是将归还贷款来源限定在特定项目收益和资产范围之内的融资方式。

项目筹资的基本要求如下。

1.合理确定资金需要量，力求提高筹资效果。无论通过什么渠道、采取什么方式筹集资金，首先要确定资金的需求量。

2.认真选择资金数量，力求降低资金成本。

3.适时取得资金，保证资金投放需求。在筹资中，通常选择比较经济方便的渠道，以使综合的资金成本降低。

4.适当维持权益资金的比例，遵守举债经营的要求。举债经营可以给权益资金带来一定的好处，因为借款利息可在所得税前列入成本费用，对项目净利润影响较小，能够提高权益资金的使用效果。但负债的多少必须与权益资金的偿债能力相适应，若负债过多，会发生较大的财务风险，甚至会因丧失偿债能力而面临破产。

三、典型融资模式

（一）投资者直接安排融资的模式

由项目投资者直接安排项目的融资，并且直接承担融资安排中相应的责任和义务，可以说是结构最简单的一种项目融资模式。

（二）投资者通过项目公司安排融资的模式

为了减少投资者在项目中的直接风险，在非公司型结构、合伙制结构甚至公司型合资结构中，项目的投资者经常建立一个单一项目子公司作为投资载体，以该项目子公司的名义与其他投资者组合成合资结构并安排融资。

（三）以"设施使用协议"为基础的融资模式（Tolling Agreement）

利用"设施使用协议"安排项目融资，其关键在于项目设施的使用者能否提供一个强有力的具有"无论提货与否均须付款"性质的承诺。这个承诺要求项目设施的使用者在融资期间定期向项目设施的提供者支付一定数量、预先确定下来的项目设备使用费。这种承诺是无条件的，不管项目设施的使用者是否真正利用项目设施所提供的服务。在项目融资中，这种无条件承诺的合约权益将被转让给提供贷款的银行，通常再加上项目投资者的完工担保，就构成项目信用保证结构的主要组成部分。

（四）以"杠杆租赁"为基础的融资模式（Leveraged Leasing）

以杠杆租赁为基础组织起来的项目融资模式，是指在项目投资者的要求和安排下，由租赁结构中的资产出租人融资购买项目的资产，然后租赁给承租人（项目投资者）的一种融资结构。资产出租人和融资贷款银行的收入以及信用保证主要来自结构中的税务好处、租赁费用、项目的资产以及对项目现金流量的控制。

（五）以"生产支付"为基础的融资模式（Production Payment）

生产支付是项目融资早期的形式之一，一个生产支付的融资安排建立在由贷款的银行购买某一特定矿产资源储量的全部或部分未来营业收入权益的基础上。在这一安排中，未来销售收入权益是提供融资的主要偿债资金来源。因此，生产支付是通过直接拥有项目的产品和销售收入，而不是通过抵押或权益转让的方式来实现融资的信用保证。

（六）BOT 融资

BOT（Build-Operate-Transfer），即"建设—经营—移交"。典型的 BOT 形式是政府私营部门（在中国表现为外商投资机构）的项目公司签订合同，由项目公司融资和建设基础设施项目。项目公司在协议期经营和维护这项设施，通过收取使用费或服务费用于回收投资，并取得合理利润。协议期满后，这项设施的所有权无偿移交给政府。BOT 方式主要用于发展收费公路、发电厂、铁路、废水处理设施和城市地铁等基础设施。

（七）ABS 融资

ABS（Asset-Backed-Securitization）融资是在 BOT 融资的基础上发展起来的一种证券化项目融资方式，它和 BOT 融资一样，同属于项目融资的范畴。它是以项目所属资产为支撑的证券化融资方式，即以项目所拥有的资金为基础，以项目资产可以带来的预期收益为保证，通过在资本市场发行债券来募集资金的一种项目融资方式。

（八）PPP 融资

PPP 模式（Public-Private-Partnership）是指政府与私人组织之间，为了合作建设城市基础设施项目，或是为了提供某种公共物品和服务，以特许权协议为基础，彼此之间形成一种伙伴式的合作关系，并通过签署合同来明确双方的权利和义务，以确保合作的顺利完成，最终使合作各方获得比预期单独行动更为有利的结果。其典型的结构为政府部门或地方政府通过政府采购形式，与中标单位组成的特殊目的公司签订特许合同（特殊目的公司一般是由中标的建筑公司、服务经营公司或对项目进行投资的第三方组成的股份有限公司），由特殊目的公司负责筹资、建设及经营。政府通常与提供贷款的金融机构达成一个直接协议，这个协议不是对项目进行担保的协议，而是一个向借贷机构承诺将按与特殊目的公司签订的合同支付有关费用的协议。这个协议使特殊目的公司能比较顺利地获得金融机构的贷款。采用这种融资形式的实质是：政府通过给予私营公司长期的特许经营权和收益权，来换取基础设施的加快建设及有效经营。

第三节 融资结构的设计与优化

一、资本成本分析

按照国家发展改革委员会和建设部联合发布的《建设项目经济评价方法与参数》（第3版）（以下简称《参数三》）的要求，通过对于建设项目投资盈利能力分析认为，可行的项目应进一步对项目的融资结构方案进行设计，研究工程项目投资和流动资金的来源渠道及筹措措施。

项目融资方案的评价是在明确项目融资主体和资金来源的基础上，通过对融资方案中的融资额度、融资渠道、融资方式、融资来源的可靠性、融资结构的合理性、融资成本的高低、融资风险的大小进行分析，并结合融资后的财务可行性分析（Financial Viability），比较和确定融资方案。

（一）融资组织方式的选择

研究融资结构方案，首先应明确由谁发起项目、谁承担融资的责任和风险并获得项目的收益等问题，即判断项目的融资组织方式和融资主体。融资主体不同，融资方案财务分析的内容和侧重点也明显不同。

根据融资主体的不同，融资可分为企业融资和项目融资两种方式，企业融资实际就是既有法人融资。

前者的资金来源有法人的内部融资（如货币资金、资产变现、资产经营权变现、直接使用现金资产等）、新增资本金（如股东增资扩股、吸收新股东、发行新股、政府投资等）和新增债务资金，采用的是企业信用融资。即不组建项目法人，项目与现有企业在财务上融为一体，直接依托现有企业整体财务进行融资。这种融资组织方式适合于现有企业的改扩建项目和新建项目。

后者是组建项目法人进行融资，项目投资由项目法人筹集的资本金（如股东直接投资、发行股票、政府投资等）和债务资金构成，并由项目法人承担融资责任和风险。本章重点研究的就是重大项目融资结构。

（二）融资渠道及方式的选择

项目融资渠道主要有各类企业自有资金，各级政府预算内及预算外资金，各类银行等金融机构的资金，国内外各种机构和个人捐赠的资金等。这些资金可以分别采用资本金和债务资金的方式成为建设项目的资金来源。

1. 项目资本金

资本金是指项目总投资中由权益资金投资者提供的非债务资金。中国的经营性项目实行资本金制度，规定了经营性项目的建设都要有一定数额的资本金，并提出了各行业资本金的最低比例要求。

资本金的筹集方式可以是：国家资本金投入，国内外各类企业对项目融资主体投入的各种资本金，项目融资主体通过发行股票从证券市场筹集的资金（包括企业原有股东的增资扩股、吸收新股东的资金以及社会个人入股的资金，优先股股票应视为项目资本金）。

资本金出资形态可以是现金，也可以是实物、工业产权、非专业技术、土地使用权、资源开采权作价出资。对用作资本金的实物，以及工业产权、非专利技术、土地使用权、资源开采作价的资金，必须经过有资格的资产评估机构评估作价。

2. 项目债务资金

债务资金是项目总投资中除资本金外，所筹集的各种债务性质的资金，主要包括信贷融资、债券融资、融资租赁（采用这种方式，一般是由承租人选定设备，由出租人购置后租给承租人使用，承租人分期交付租金，租赁期满后设备归承租人所有）。

二、建设项目融资方案因素分析

应对融资方案进行分析、比选并推荐资金来源可靠、资金结构合理、融资成本低、融资风险小的方案。

（一）资金来源可靠性分析

资金来源可靠性分析主要是分析项目建设所需总投资和分年所需投资能否得到足够的、持续的资金供应，力求使筹措的资金及投入时序与项目建设进度和投资使用计划相匹配，确保项目建设顺利进行。

（二）融资结构分析

融资结构分析主要分析项目融资方案中的以下三种结构比例是否合理，并分析其实现条件。

1. 资本金与债务资金的比例

在一般情况下，项目资本金比例过低，债务资金比例过高，将给项目建设和生产经营带来潜在的财务风险。进行融资结构分析，应根据项目特点，合理确定项目资本金与债务资金的比例。

2. 股本结构分析

股本结构反映项目股东各方出资额和相应的权益，在融资结构分析中，应根据项目特点和主要股东方参股意愿，合理确定参股各方的出资比例。

3. 债务结构分析

债务结构反映了项目债权各方为项目提供的债务资金的比例。在融资结构分析中，应根据债权人提供债务资金的方式、附加条件以及利率、汇率、还款方式的不同，合理确定内债与外债的比例、政策性银行与商业性银行的贷款比例，以及信贷资金与债券资金的比例。

（三）融资成本分析

融资成本是指项目为筹集和使用资金而支付的费用。融资成本的高低是判断项目融资方案是否合理的重要因素之一，可用以下两种成本分析。

1. 债务资金融资成本由资金筹集费和资金占用费组成

资金筹集费是指资金筹集过程中支付的一次性费用，如承诺费、手续费、担保费、代理费等；资金占用费是指使用资金过程中发生的经常性费用（如利息）。在比选融资方案时，应分析各种债务资金融资方式的利率水平、利率计算方式（固定利率或者浮动利率）、计息（单利、复利）和付息方式，以及偿还期和宽限期，计算债务资金的综合利率，并进行不同方案比选。

2. 资本金融资成本由资本金筹集费和资本金占用费组成

资本金占用费一般应按照机会成本的原则计算，当机会成本难以计算时，可参照银行存款利率计算。

（四）融资风险分析

为了使融资方案稳妥可靠，需要对下列可能发生的风险因素进行识别、预测。

l. 资金供应风险

它是指融资方案在实施过程中，可能出现资金不落实，导致建设工期拖长，工程造价升高，原定投资效益目标难以实现的风险。主要风险包括：原定筹资额全部或部分落空；原定发行股票、债券计划不能实现；既有项目法人融资由于企业经营状况恶化，无力按原定计划出资；其他资金不能按建设进度及时到位。

2. 利率风险

利率水平随着金融市场情况而变动，如果融资方案中采用浮动利率计息，则应分析贷款利率变动的可能性及其对项目造成的风险和损失。

3. 汇率风险

它是指国际金融市场外汇交易结算产生的风险。

（五）融资财务杠杆结构分析

选择什么样的杠杆水平，是融资方案设计中应考虑的重要内容。要根据融资主体的资产负债结构（即信用状况）等因素，分析各种可能的融资渠道和融资方式，并根据项目本身的盈利能力及整个融资主体的财务状况，分析应采用的财务杠杆水平，然后进行财务杠杆分析，确定资产负债结构比例及融资方案。

在融资结构分析中，重点是进行财务杠杆分析，其核心是确定资本金比例的合理取值区间。一般是首先根据项目盈利水平、银行贷款的还款条件，反推在保证能够满足还款要求的前提下的最低资本金比例，并将该比例和国家现行法规规定的最低资本金比例进行比较，取二者的较高值作为该项目的融资方案所采用的最低资本金比例，并以此为依据安排融资方案。若条件允许，还可以根据资本—资产定价模型等工具，进一步测算能够保证融资主体企业价值最大化和股东权益最大化的最佳资本结构。

（六）财务计划及财务可持续性评价

要根据融资方案计算融资成本，编制财务计划现金流量表（该表除包括项目投资现金流量的预测结果外，还应包括建设期和生产经营期借款还本付息、股利分配、税收制度等财务计划现金流量），进行财务可持续分析。

在融资方案的财务评价中，要编制财务计划现金流量表。该表要充分考虑融资主体所采用的折旧政策、具体的融资方案、执行的税收政策、还本付息计划、股利支付计划等因素，是一个能够真正反映融资主体今后实际将要发生的财务计划现金流量表。在财务计划现金流量分析中，要重视税务筹划和税收分析。这不仅包括计算增值税、所得税等与项目投资有关的各种税费问题，而且还要将"税收筹划"的思想纳入项目财务分析的方法体系中，包括分析如何合理避税，分析采用不同的折旧政策、融资方式对企业税负的影响，现有企业的改扩建项目对整个企业税负的影响，原有固定资产的运用、资产清理、收益等的影响及其对税收的影响。

（七）权益投资盈利能力评价

融资方案的财务评价，应分析在既定融资方案下，股东所能获得的投资回报。分析的重点是在项目息税前利息 EBIT（Earnings Before Interest and Tax）预测的基础上，根据财务计划现金流量的编制结构，计算财务费用和所得税等因素，测算税后现金流量，评价权益投资的盈利能力及对股东财富增值的影响。

权益投资财务分析应编制资本金财务现金流量表及各投资者自身的现金流量表。各投资者的现金流量表，除考虑各投资者从项目投资中可能获得股利分红、项目资产处置收益等直接现金流入外，还应分析各种间接的收益情况及对项目的代价，以全面反映各股东真实的投资回报。评价指标一般采用内部收益率，包括资本金内部收益率（所得税后）及各投资方的财务内部收益率（所得税后），其判别依据应根据各投资者的具体情况将股东的最低期望收益率作为判别依据。

权益投资的盈利能力评价，应分析资本金的融资资本。资本金融资成本由资金筹集费和资金占用费组成。资金占用费是指使用资本金税后的股本红利和股息，按投资者用于拟建项目资本金的那部分资金用于其他机会可能获得的正常收益计算，或参照净资产利润率计算。

三、建设项目资金筹措方案编制

项目资金筹措方案是在项目分年投资计划基础上编制的，是对资金来源、资金筹措方式、融资结构和数量等做出的整体安排。

项目的资金筹措需要满足项目投资资金使用的要求。

一个完整的项目资金筹措方案主要由两部分内容构成，分别是项目资金来源计划表和总投资使用与资金筹措计划表。

（一）编制项目资金来源计划表

表 3-3　项目资金来源计划表

序号	资金来源	金额	融资条件	融资可信程度
1	项目资本金		出资金额	
1.1	股东 A 股本出资，其中：货币资金实物资产无形资产		出资构成 出资计划（到位时间） 实物资产和无形资产评定办法 验资条件	股东出资承诺文件投资协议（合同）
1.2	股东 B 股本出资			
1.3	股东 C 股本出资			
2	债务资金			
2.1	A 银行贷款		①利息和结息付息条件	①贷款意向书或承诺函
2.2	B 银行贷款		②期限和宽限期	②外债管理和借用外债可能性分析
2.3	债券资金		③资金提供安排	
2.4	中期票据融资		④偿债安排	③发行债券条件和可能性分析
2.5	国外债务融资		⑤信用保证	

（二）编制总投资使用计划和资金筹措表

表 3-4　总投资使用计划和资金筹措表

序号	项目	合计	计算期			
			第 1 年	第 2 年	第 3 年	第 4 年
1	项目总投资					
1.1	建设投资					
1.2	建设期利息					
1.3	流动资金					
2	资金筹措					
2.1	项目资本金					
2.1.1	用于建设投资					
2.1.2	用于建设期利息					
2.1.3	用于流动资金					
2.2	银行借款					
2.2.1	用于建设投资					
2.2.2	用于流动资金					
2.3	债券资金：用于建设投资					
2.4	中期票据投资：用于建设投资					

编制项目总投资使用计划与资金筹措表时应注意下列问题。

I.各年度的资金平衡

（1）资金来源必须满足投资使用的要求，应做到资金的需求与筹措在时序、数量两方面都能平衡。

（2）资金来源的数量规模最好略大于投资使用的要求。

2.建设期利息

（1）首先要按照与建设投资用款计划相匹配的筹资方案来计算。

（2）因融资条件的不同，建设期利息计算主要分为三种情况：①建设期内只计不付，即建设期利息按复利计算计入债务融资总额，视为新的负债；②建设期内采用项目资本金按约定偿付，即债务融资总额不包括建设期利息；③使用债务资金偿还同种债务资金的建设期利息，即相当于增加债务融资的本金总额。

第四章　建设项目财务评价

财务评价是工程经济学的核心内容，它既是工程经济学原理的应用，又是其理论的深化。进行技术经济分析是财务评价的前提，通过技术经济分析，可以判定该方案对社会贡献的大小或资源节约的程度。这里主要介绍项目财务评价指标、评价方法和基本步骤，目的是保证项目决策的正确性和科学性，避免或减少项目实施后的风险，明确技术方案的盈利水平，最大程度地提高项目的综合经济效益。

第一节　建设项目财务评价概述

一、财务评价基本内容

财务评价是根据国家现行财税制度、价格体系和项目评价的有关规定，从项目的财务角度分析计算项目的直接效益和直接费用，编制财务报表，计算财务评价指标，通过对项目的盈利能力、清偿能力和外汇平衡能力的分析，考察项目在财务上的可行性，为投资决策提供科学的依据。财务评价是经济评价的微观层次，它主要从投资主体（企业）的角度分析项目给投资主体带来的效益或是可能面临的投资风险。作为微观主体的企业，在进行项目投资时一般都需要进行财务评价。

建设项目财务评价的主要内容包括以下几个方面。

（一）盈利能力分析

盈利能力分析主要是考察项目投资的预期盈利水平，它直接关系到项目投产后能否生存和发展，是评价项目财务可行程度的基本标志。盈利能力的大小是企业进行投资活动的原动力，也是企业投资决策时考虑的首要因素，应从以下两方面进行评价。

l. 项目达到设计生产能力时，正常生产年份可能获得的盈利水平

即主要通过计算投资利润率、投资利税率、资本金利润率等静态指标，考察项目在正常生产年份年度投资的盈利能力，判别项目盈利是否达到行业的平均水平。

2.项目整个寿命期内的盈利水平

即主要通过计算财务净现值、财务内部收益率、财务净现值率、投资回收期等动态和静态指标，考察项目在整个计算期内的盈利能力及投资回收能力，判别项目投资的可行性。

（二）清偿能力分析

清偿能力分析主要是考察项目的财务状况和按期偿还债务的能力，它直接关系到企业面临的财务风险和企业的财务信用程度。清偿能力的大小是企业进行筹资决策的重要依据，应从两方面进行评价。

1.考察项目偿还固定资产投资国内借款所需要的时间，即通过计算借款偿还期，考察项目的还款能力，判别项目是否能满足贷款机构的要求。

2.考察项目资金的流动性。即通过流动比率、速动比率、资产负债率利息备付率和偿债备付率等各种财务比率指标，对项目投产后的资金流动情况进行比较分析，用以反映项目寿命期内各年的利润、盈亏、资产、负债、资金来源和运用、债务运用等财务状况及资产结构的合理性，考察项目的风险程度和偿还流动负债的能力与速度。

（三）外汇平衡分析

对于产品出口创汇等涉及外汇收支的项目，通过计算财务外汇净现值、换汇成本和节汇成本，进行外汇平衡分析，以考察项目在计算期内的外汇余缺程度，衡量项目实施后对国家外汇状况的影响。

二、财务评价方法

财务评价主要方法包括现金流量分析、静态和动态获利性分析以及财务报表分析等。

（一）现金流量分析

现金流量分析是以项目作为一个独立系统，反映项目在建设期与生产经营期内各年现金流入与现金流出的数量。在项目财务评价前，需要准确地估计出切合实际的各现金流入与现金流出量。现金流量有全部投资现金流量和自有资金现金流量，是财务评价的基础和起点。

（二）静态和动态获利性分析

1.静态分析

静态分析法是一种简易分析法，其计算特点如下。

（1）不计算资金的时间价值，所采用的年度资金流量是当年的时值，而不是折现值。

（2）计算现金流量时，只选择某一典型年份（正常生产年份）的净现金流量获取年平均值，一般不反映全寿命周期内的现金流量。

（3）静态评价指标最大的特点是计算简便，因此适用于短期投资项目和逐年收益大致相等的项目，另外对方案进行概略评价时也常采用。

2.动态分析

动态分析法是采用折现现金流量的分析方法，其计算特点如下。

（1）考虑资金的时间价值，根据资金占用的时间长短及折现率进行等值化处理后，计算资金的现值。

（2）计算项目整个寿命期内的总收益，能如实反映资金实际运行情况和全面体现项目整个寿命期内的经济活动和经济效益，从而能正确地对项目财务做出符合实际的评价。

动态分析适用于详细可行性研究、对项目整体效益评价的融资前分析，或对计算期较长以及终评阶段的技术方案进行评价。

（三）财务报表分析

财务报表分析是根据项目的具体财务条件及国家有关财税制度和条例规定，把建设项目寿命期的全部投资和投产后的经营费用与收益逐年进行计算和平衡，用报表格式来反映。通过财务报表分析，可以预计项目寿命期内各年的利润和资金盈缺状态，选择合适的资金筹措方案，制订资金筹措及偿还计划，进行偿债能力分析和预测项目总的获利能力。

三、财务评价步骤

财务评价一般分为以下几个步骤。

（一）财务评价前的准备

1.熟悉拟建项目的基本情况

包括建设目的、意义、要求，建设条件和投资环境，市场预测以及主要技术指标。

2.收集整理基础数据资料

包括项目投入和产出的数量、质量、价格以及项目实施进度安排、资金筹措方案等。

3.编制辅助报表

辅助报表为基本财务报表提供依据，可编制如投资估算、折旧和摊销费用估算、总成本和费用估算、产品销售收入和销售税金及附加估算等辅助报表。

（二）进行财务分析

通过基本财务报表，计算各项评价指标及财务比率，进行各项财务分析。例如，计算财务内部收益率、资产负债率等指标和比率，进行财务盈利能力、偿债能力以及外汇平衡的分析等。

（三）进行不确定性分析

财务评价所采用的数据大部分来自预测和估算，存在一定程度的不确定性。为了分析不确定因素对财务评价指标的影响，需要进行不确定性分析并预测项目可能承担的风险，确定项目在财务、经济上的可靠性。不确定性分析包括盈亏平衡分析、敏感性分析和概率分析。

1. 盈亏平衡分析

盈亏平衡分析是通过盈亏平衡点，分析项目对市场需求变化适应能力的一种方法。盈亏平衡点通常是根据正常生产年份的产品产量或销售量、可变成本、固定成本、产品价格和销售税金等数据计算，用生产能力利用率或产量等表示。盈亏平衡点越低，表明项目适应市场变化的能力越强，抗风险能力越强。

2. 敏感性分析

敏感性分析是通过分析、预测项目主要因素发生变化时对项目财务评价指标的影响，从中找出敏感因素，并确定其影响程度。可能发生变化的因素有产品产量、价格、主要原材料或动力价格、可变成本，固定资产投资额，建设工期及外汇牌价等。最常用的敏感性分析是分析全部投资内部收益率指标对上述诸因素的敏感程度，列表表示某种因素单独变化或多种因素同时变化时，引起内部收益率变动的幅度。必要时，也可分析对静态投资回收期和借款偿还期的影响。

3. 概率分析

敏感性分析只能指出项目财务效益评价指标对各不确定因素的敏感程度，但不能表明不确定因素的变化对评价指标发生影响的可能性，以及在这种可能性下对评价指标的影响程度。因此，根据项目特点和实际需要，有条件时还要进行概率分析。简单的概率分析一般是计算项目净现值的期望值及净现值大于或等于零时的累计概率，也可通过模拟法测算项目评价指标（如财务内部收益率）的概率分布，为项目决策提供依据。

四、财务评价指标体系的构成

评价项目技术方案经济效果好坏的准确性，一方面取决于基础数据的完整性和可靠性，另一方面取决于选取的评价指标的合理性。只有选取正确的评价指标，经济评价的结果与客观实际情况相吻合，才具有实际意义。在技术经济分析中，经济效果评价指标多种多样，它们各自从不同角度反映项目的经济性。若按计算时是否考虑资金的时间价值，经济评价指标可分为静态评价指标和动态评价指标。利用财务评价的基本报表，可以计算出一系列的评价指标。财务评价的指标体系汇总见表4-1。

表4-1 财务评价的指标体系

经济分析	基本报表	静态指标	动态指标
盈利能力分析	财务现金流量表（全部投资）	投资回收期	财务内部收益率 财务净现值 财务净现值率
	（自有资金）资本金现金流量表	资本金静态投资回收期	资本金财务内部收益率 资本金财务净现值 资本金动态投资回收期
	损益表	投资利润率 投资利税率 资本金利润率	
清偿能力分析	资金来源与运用表	借款偿还期	
	资产负债表	资产负债率 流动比率	
外汇平衡分析	财务外汇平衡表	速动比率	财务外汇净现值 财务换汇成本 财务节汇成本

第二节　财务静态盈利能力评价指标

一、投资利税率指标

投资利税率是指项目达到设计生产能力后，一个正常年份的年利税总额或项目生产期内的年平均利税总额与项目总投资的比率。其表达式为

$$R = \frac{NB}{K}$$

$$(4\text{-}1)$$

式中 R——投资利税率；NB——正常年份年利税总额或平均利税总额，年利税总额 = 年利润率总额 + 销售税金及附加 = 年营业收入 - 年总成本费用；K——项目总投资。

投资利税率可由损益与利润分配估算表中的有关数据求得，与行业平均投资利税率或基准投资收益率做对比，以判别项目的单位投资对国家积累的贡献水平是否达到本行业的平均水平。设基准投资收益率为 R_b，判别准则为若 $R \geqslant R_b$，则项目可以考虑接受；若 $R < R_b$，则项目应予以拒绝。

二、资本金净利润率指标

项目资本金净利润率（ROE），表示项目资本金的盈利水平，指项目达到设计能力后正常年份的年净利润或经营期内年平均净利润与项目资本金的比率。其表达式为

$$资本金净利润率 = \frac{正常年份胡年净利润或经营期间内年平均净利润}{项目资本金} \times 100\%$$

$$(4\text{-}2)$$

年净利润=年产品营业收入-年产品税金几附加-年总成本费用-所得税　　　　（4-3）

项目资本金 = 原有股东增资扩股 + 吸收新股东投资 + 发行股票 + 政府投资 + 股东直接投资

$$(4\text{-}4)$$

当计算出的资本金净利润率高于行业净利润率参考值时，表明用项目资本金净利润率表示的盈利能力满足要求。

资本金净利润率指标常用于项目融资后盈利能力分析。

三、投资回收期指标

静态投资回收期（P_t）是指不考虑资金的时间价值，以项目净收益来回收项目全部投资所需要的时间。其表达式为

$$\sum_{i=0}^{P_t}(CI-CO)=0$$

（4-5）

式中 CI ——现金流入；CO ——现金流出；P_t ——静态投资回收期；$(CI-CO)_t$ ——第 t 年的净现金流量。

一般情况下，P_t 满足下列关系

$$P_t = 累计净现金流量首次出现正值的年份 - 1 + \frac{上年累计净现金流量的绝对值}{当年净现金流量}$$

（4-6）

如果投资在起初一次性投入，且每年的净收益不变，那么静态投资回收期公式就可以简化为：

$$P_t = 投资总额 / 年收益$$

（4-7）

采用静态投资回收期指标对单个方案进行经济评价时，应将计算出的静态投资回收期与根据同类项目的历史数据和投资者意愿确定的基准投资回收期 P_c 做比较，只有当 $P_t < P_c$ 时，该技术方案方可接受。对多方案比较，应以投资回收期最短的方案为优。

静态投资回收期概念清楚、经济意义直观、易于理解、计算简便。静态投资回收期反映的是投资资金回收的快慢，既可一定程度上反映项目的经济效果，也可反映项目收回投资的风险的大小。但是，由于静态投资回收期没有考虑资金的时间价值，仅以投资回收快慢为依据，考虑了投资回收之前的效益，却忽视了投资回收之后的情况，因此无法全面考虑投资项目整个生命周期的经济效益。而且静态投资回收期仅反映该方案的投资回收速度，不能用于多方案间的相对评价，只是一个辅助性的绝对效果评价指标。

第三节　财务动态盈利能力评价指标

一、财务净现值指标

净现值（NFV）是指将项目整个计算期内各年的净现金流量，按某个给定的折现率，折算到计算期期初（第0年）的现值代数和，是反映投资方案在计算期内获利能力的动态价值指标。其一般表达式为：

$$NPV = \sum_{i=0}^{n}(CI - CO)_t \left(1+i_c\right)^{-t}$$

(4-8)

式中 CI ——现金流入；CO ——现金流出；$(CI-CO)_t$ ——第 t 年的净现金流量；i ——给定的折现率，通常选取行业基准收益率（i_c）；n ——方案的计算期，等于方案的建设期、投产期与正常生产年数之和，一般为技术方案的生命周期。

当给定的折现率 $i=i_c$，如果 $NPV(i_c)=0$，表明项目达到了行业基准收益率标准，而不是表示该项目投资盈亏平衡；当 $NPV(i_c)>0$，表明该项目的投资方案除了实现预定的行业收益率，还有超额的收益；当 $NPV(i_c)<0$，表明该项目不能达到行业基准收益率水平，但不能确定项目是否亏损。净现值是评价项目盈利能力的绝对效果评价指标。因此，净现值法的评判准则是：$NPV>0$，该方案在经济上可行，即项目的盈利能力超过其投资收益期望水平，可以考虑接受该方案；$NPV=0$，说明该项目的盈利能力达到了所期望的最低财务盈利水平，可以考虑接受该项目；$NPV<0$，该方案在经济上不可行，可以考虑不接受该方案。

多方案比选时，如果不考虑投资额限制，则净现值越大的方案越优。

净现值指标的优点是考虑了资金的时间价值，并全面考虑了项目在整个计算期的经济状况；经济意义明确，能够直接以货币额表示项目的盈利水平；评价标准容易确定，判断直观。净现值适用于项目融资前整体盈利能力分析。

净现值指标的不足之处是必须首先确定一个符合经济现实的基准收益率，而基准收益率的确定往往比较复杂；在互斥方案评价时，净现值必须慎重考虑互斥方案的寿命，如果互斥方案寿命不等，则必须构造一个相同的研究期，才能进行各个方案之间的比选；净现值不能反映项目投资中单位投资的使用效率。

对具有常规现金流量（即在计算期内，开始时有支出而后才有收益，且方案的净现金流量序列 A 的符号只改变一次的现金流量）的项目技术方案，其净现值的大小与折现率的高低有直接的关系。若已知某投资方案各年的净现金流量，则该方案的净现值就完全取决于其选用的折现率，即净现值是折现率的函数。

二、财务内部收益率指标

内部收益率（IRR）是指使项目净现值为零时的折现率，由于该指标所反映的是工程项目投资所能达到的收益率水平，其大小完全取决于方案本身，因而被称为内部收益率。其计算公式为

$$\sum_{t=0}^{n}\left(CI_t-CO_t\right)(1+FIRR)^{-t}=0$$

（4-9）

内部收益率 IRR 的取值区间是（-1，∞），对于大多数方案来说，$0<IRR<\infty$。

对于一个工程项目来说，如果折现率取其内部收益率，则整个生命期内的投资恰好得到全部回收，净现值等于零。也就是说，该方案的动态投资回收期等于方案的生命期。一般来说，内部收益率高，该方案的投资效益就越好。内部收益率大于或等于所设定的判别基准收益率时，项目方案可考虑接受。

对常规投资项目而言，应用 IRR 对项目进行经济评价的判别准则：设基准收益率为 i_c，若 $IRR \geq i_c$，则项目在经济效果上可以接受；若 $IRR<i_c$，则项目在经济效果上不可接受。

采用内部收益率指标的主要优点在于揭示了项目所具有的最高获利能力，从而成为评价项目效益非常有效的工具；可以在项目生命期的任何时间点上进行测算，并获得同一结果，即时间点的选择并不影响项目获利能力的表现。

（一）内部收益率的计算

根据公式，求解内部收益率是解以 IRR 为未知数的多项高次方程。一般来说，求解 IRR，有人工试算法和利用计算机编程求解两种方法。

采用人工试算法时，通常当试算的 i 使 NPV 在零值左右摆动且先后两次试算的 r 值之间足够小（一般不超过 5%）时，可用线性内插法近似求内部收益率。内插公式为

$$IRR \approx i = i_1 + \frac{NPV_1}{NPV_1 + \left|NPV_2\right|} \times \left(i_2 - i_1\right)$$

（4-10）

式中 i——内部收益率近似值；i_1——较低的试算利率；i_2——较高的试算利率；

NPV_1——与 i_1 对应的净现值；NPV_2——与 i_2 对应的净现值。

采用线性内插法计算 IRR 时，其计算精度与（i_2-i_1）的差值大小有关，因为折现率与净现值不是线性关系，i_2 与 i_1 之间的差距越小，其计算结果就越精确；反之，结果误差就越大。故为保证 IRR 的精度，i_2 与 i_1 之间的差距一般以不超过 2% 为宜，最大不宜超过 5%。

（二）内部收益率的适用范围和局限性

内部收益率和净现值都是反映工程项目投资经济效果的最主要的指标，它们之间虽然有很大的关联性，但两者之间仍有许多不同。从形式上看，净现值反映的是项目的绝对经济效果，内部收益率反映的是项目的相对经济效果。内部收益率指标考虑了资金的时间价值以及项目在整个计算期内的经济状况，而且内部收益率值取决于项目的净现金流量系列的情况。这种项目的内部决定性，使它在应用中具有一个显著的优点，即避免了净现值指标必须事先确定基准收益率这个难题，只需要知道基准收益率的大致范围即可。当要对一个项目进行开发而未来的情况和未来的折现率都带有高度的不确定性时，采用内部收益率对项目进行评价，往往能取得满意的效果。用这两个指标评价工程项目投资时，应该根据两者的特点进行有针对性的选择。

1. 从工程项目投资的目的考虑

对于新建项目，通常希望它在整个经济生命周期内的盈利水平比较高。因此，如果重点考虑项目本身的盈利水平，一般优先使用内部收益率来进行评价。对于改建项目或者更新项目，投资者更关心能否维持或增加原有的盈利水平，这时可以优先采用净现值来进行经济评价。

2. 从指标本身的特点考虑

内部收益率不能反映项目的生命期及其规模的不同，故不适于互斥方案的经济评价，这时便需要采用净现值来对项目进行排序，选择互斥方案中的最优方案。

（三）投资方案内部收益率的探讨

1. 内部收益率与借款利率的关系

当内部收益率小于借款利率时，投资方案的净现金流量不足以偿还借款本金和支付利息；当内部收益率大于借款利率时，投资方案的净现金流量足以偿还借款本金和支付利息。即内部收益率是借款利率的上限，当后者大于前者时，投资方案本身不经济。

2. 不同借款偿还方式对自有资金内部收益率的影响

当全部投资内部收益率大于借款利率时，不同还款方式按其自有资金内部收益率从大到小依次是一次性偿付法、等额利息法、等额摊还法、等额本金法。当全部资金内部收益率小于借款利率时，不同还款方式按其自有资金内部收益率从大到小依次是：等额本金法、等额摊还法、等额利息法、一次性偿付法。因此，当项目有很强的盈利能力时，选择一次性偿付法最有利，否则应选择等额本金法。

三、财务净现值率指标

净现值指标用于多方案比较时，虽然能反映每个方案的盈利水平，但是由于没有考虑个案投资额的大小，因此不能直接反映资金的利用效率。为了考察资金的利用效率，可采用净现值率指标作为净现值的补充指标。

净现值率（ $NPVR$ ）又称净现值指数，是指技术方案的净现值与投资现值之比。净现值率表明单位投资的盈利能力或资金的使用效率，净现值率的最大化，将使有限投资取得最大的净贡献。其计算公式为

$$NPVR = \frac{NPV}{PVI} \times 100\%$$

（4-11）

式中 PVI ——项目全部投资现值。

其评价标准是：若 $NPVR \geq 0$ ，表明该方案达到了基本经济要求，从经济上可以考虑接受该项目；若 $NPVR < 0$ ，表明该方案没有达到基本的经济要求，经济上不可行，应予以拒绝；若为多方案时， $NPVR$ 是一个重要的评价指标。

净现值率指标仅能反映资金的使用效率，主要适用于多方案的优劣排序，因此，一般不能独立用于方案的经济评价。

四、财务净年值指标

净年值（ NAV ）也称净年金，是指通过资金等值换算将项目净现值分摊到生命周期内各年（从第 1 年到第 n 年）的等额年值。其一般表达式为

$$NAV = \left[\sum_{t=0}^{n} (CI - CO)_t (1+i)^{-t} \right] (A/P, i, n)$$

（4-12）

求一个项目的净年值，可以先求该项目的净现值或净终值，然后乘以资金回收系数进行等值变换求解，即资金的等值计算公式为：

$$NAV = NPV(A/P, i, n)$$

$$(4-13)$$

用净现值和净年值对一个项目进行评价，结论是一致的。这是因为：当 $NPV > 0$ 时，$NAV > 0$，当 $NPV < 0$ 时，$NPV < 0$，故净年值与净现值在项目评价的结论上总是一致的。因此，就项目的评价结论而言，净年值与净现值是等效评价指标。净现值给出的信息是项目在整个生命期内获取的超出最低期望盈利的超额收益的现值，净年值给出的信息是项目在整个生命期内每年的等额超额收益。一般在项目经济评价中，人们多习惯于使用净现值指标，很少用净年值指标。但是，对于生命期不同的多个方案进行优选时，净年值比净现值更加简便。而且由于在某些决策结构形式下，采用净年值比采用净现值更为简便和易于计算，故净年值指标在经济效果评价指标体系中占有相当重要的地位。

五、动态投资回收期指标

动态投资回收期（P_t'）是指考虑资金的时间价值，在给定的基准收益率（i_c）下，用项目各年净收益的现值来回收全部投资的现值所需要的时间。动态投资回收期一般从投资开始年算起，若从项目投产开始年计算，应予以特别注明。

根据定义，可以得知动态投资回收期的计算公式如下：

$$\sum_{t=0}^{P_t'} (CI - CO)_t (1+i)^{-t} = 0$$

$$(4-14)$$

式中 CI——现金流入；

CO——现金流出；

P_t'——动态投资回收期；

i_c——行业基准折现率；

$(CI - CO)_t$——第 t 年的净现金流量。

在实际计算中，由于各年净现金流量常常不是等额的，因此，采用的计算方法与求静态投资回收期相似，即通过现金流量表求解。其计算公式为：

$$P_1' = 累计净现金流量现值首次出现正值的年份 - 1 + \frac{上年累计净现金流量现值的绝对值}{当年净现金流量现值} \quad (4-15)$$

采用动态回收期法计算出来的动态投资回收期仍需要和基准投资回收期进行比较，其评判标准和静态投资回收期基本相同。即对单项目方案进行评价时，若 $P_t' \leq P_c$，该技术方案可以接受，否则不能接受。

与静态投资回收期相比，动态投资回收期的优点是考虑了资金时间价值，但计算却复杂得多，并且在投资回收期不长和基准收益率不大的情况下，两种投资回收期的差别不大，不至于影响方案的选择。因此，动态投资回收期指标不常用，只有在静态投资回收期较长和基准收益率较大的情况下，才需计算动态投资回收期。

六、基准收益率

基准收益率也称基准折现率，通常用 i_c 表示，是指在选择投资机会或进行技术方案取舍之前，投资项目可以被接受的最低期望收益率。它是企业、行业、投资者以动态的观点进行投资时可以接受的一个最低界限标准，表明投资决策者对项目资金时间价值的估价，是投资者应当获得的最低盈利率水平、评价和判断投资方案在经济上是否可行的依据，是项目方案经济效果评价中的一个十分重要的参数。

（一）基准收益率的影响因素

确定一个项目的基准收益率，必须对该项目的投资条件做深入分析，充分考虑资金来源、借贷利息、投资收益、风险大小及投资的机会成本等多个方面。在基准收益率确定时，要特别注意以下方面

1. 资金成本与机会成本 i_1

基准收益率必须大于以任何方式筹措的资金成本（i_1）。项目的资金主要来源于两个方面：一是自有资金，包括用于项目投资的资本公积金、提取的折旧与摊销费、未分配的税后利润和发行股票所筹集的资金；二是债务资金，包括向银行和非银行金融机构的贷款及发行债券所筹集的资金。资金成本是项目筹措资金和使用资金所须付出的代价。项目投资后所获利润必须能够补偿资金成本，才能有利润可言。换而言之，由于资金有限，当把资金投入拟建项目时，将失去从其他最好的投资机会中获得收益的机会。一般情况下，基准收益率 i_c 必须大于全部资金的加权平均成本。

基准收益率必须大于投资的机会成本。投资的机会成本是指投资者可筹集到的有限资金如果不用于拟建项目，而用于其他最佳投资机会所能获得的盈利。为了保证资金的有效利用，项目的最低期望收益率不能低于资金的机会成本。正常情况下，资金的机会成本会低于资金成本，否则大量的日常投资活动会停顿下来。

如果项目完全由企业自有资金投资建设，可参考行业基准收益率确定项目基准收益率，这时，可将机会成本等同于基准收益率。如果投资项目的资金来源包括自有资金和贷款，则最低收益率不应低于行业基准收益率与贷款利率的加权平均收益率。如果有好几种贷款，贷款利率应为加权平均贷款利率。

综上研究，可以表示为

$$i_e \geq i_1 = \max\{\text{单位资金成本，单位投资机会成本}\} \tag{4-16}$$

2. 风险贴现率 i_2

在整个项目计算期内，存在着发生不利于项目的环境变化的可能性，这种变化难以预料，即投资者要冒着一定风险做决策。因此，在确定基准收益率时，仅考虑资金成本、机会成本因素是不够的，还应考虑风险因素。当考虑不同项目的风险水平时，不同投资项目的风险大小是不同的。通常，以一个适当的风险补贴率 i_2 来提高 i_c，也就是说，以一个收益水平增量补偿投资者所承担的风险。风险越大，投资者自然就要求获得较高的利润，否则他是不愿去冒险的，因此补贴率越高。

为了限制对风险大、盈利低的项目进行投资，可以采取提高基准收益率的办法来进行经济评价。例如，在市场稳定的情况下，进行技术改造降低生产费用、提高产品质量的项目，现有产品扩大生产规模的项目，生产新产品，开拓新市场的项目、高新技术项目等，显然这些项目的风险水平是依次递增的。同时，从客观上看，资金密集项目的风险高于劳动密集的；资产专用性强的高于资产通用性强的。从主观上看，资金雄厚的投资主体的风险低于资金拮据者。投资决策的实质是对未来的投资收益与投资风险进行权衡。

3. 通货膨胀率 i_3

在通货膨胀影响下，各种材料、设备、房屋、土地的价格以及人工费都会上升。为反映和评价出拟建项目在未来的真实经济效果，在确定基准收益率时，应考虑通货膨胀因素。在预计未来存在通货膨胀的情况下，如果项目现金流量是按预计的各年即时价格计算的，据此计算出的项目经济指标中就含有通货膨胀因素。在这种情况下，在确定最低期望收益时就不能不考虑通货膨胀因素。

通货膨胀的大小以通货膨胀率 i_3 来表示。通货膨胀率主要表现为物价指数的变化，即通货膨胀率约等于物价指数变化率。由于通货膨胀年年存在，因此，通货膨胀的影响具有复利性质。一般每年的通货膨胀率是不同的，但为了便于研究，常取一段时间的平均通货膨胀率，即在所研究的计算期内，通货膨胀率可视为固定值。

4. 资金限制

资金越少，越需要精打细算，使之利用得更加有效益为此，在资金短缺时，应通过提高基准收益率的办法进行项目经济评价，以便筛选掉盈利能力较低的项目。

（二）基准收益率的确定方法

基准收益率的确定可采用代数和法、资本资产定价模型法、加权平均资金成本法、典型项目模拟法、德尔菲专家调查法等方法，也可同时采用多种方法进行测算，将不同方法测算的结果互相验证，经协调后确定。

I. 代数和法

若项目的现金流量是按当年价格预测估算的，则应以年通货膨胀率 i_3 修正 i_c 值。这时，基准收益率可近似地用单位投资机会成本、风险贴补率、通货膨胀率之代数和表示，即

$$i_c = (1+i_1)(1+i_2)(1+i_3) - 1 \approx i_1 + i_2 + i_3$$

（4-17）

若项目的现金流量是按基年不变价格预测估算的，预测结果已排除通货膨胀因素的影响，就不再考虑通货膨胀的影响，即

$$i_c = (1+i_1)(1+i_2) - 1 \approx i_1 + i_2$$

（4-18）

上述近似计算的前提条件是 i_1，i_2，i_3 都是较小的数值。

2. 资本资产定价模型法

采用资本资产定价模型法（Capital Asset Pricing Model，CAPM）测算行业财务基准收益率的公式为

$$k = K_f + \beta \times (K_m - K_f)$$

（4-19）

式中 K ——权益资金成本；K_f ——市场无风险收益率；β ——风险系数；K_m ——市场平均风险投资收益率。

风险系数是反映行业特点与风险的重要数值，也是测算工作的重点和基础。应在行业内抽取有代表性的企业样本，以若干年企业财务报表数据为基础，进行行业风险系数测算。市场无风险收益率一般可采用政府发行的相应期限的国债利率，市场平均风险投资收益率可依据国家有关统计数据测定。权益资金成本可作为确定财务基准收益率的下限，再综合采用其他方法测算得出的行业财务基准收益率进行协调，确定基准收益率的取值。

3. 加权平均资金成本法

采用加权平均资金成本法（Weighted Average Cost of Capital），测算基准收益率的公式为

$$WACC = K_e \frac{E}{E+D} + K_d \frac{D}{E+D}$$

（4-20）

式中 $WACC$ ——加权平均资金成本；K_e ——权益资金成本；K_d ——债务资金成本；E ——股东权益；D ——企业负债。

权益资金与负债的比例可采用行业统计平均值，或者由投资者进行合理设定。债务资金成本为公司所得税后债务资金成本。权益资金成本可采用资本资产定价模型确定。

行业加权平均资金成本可作为全部投资行业财务基准收益率的下限，再综合考虑其他方法得出的基准收益率，进行调整后，确定全部投资行业财务基准收益率的取值。

4.典型项目模拟法

采用典型项目模拟法测算基准收益率，应在合理时间区段内，选择一定数量的具有行业代表性的已进入正常生产经营状态的典型项目，采集实际数据，计算项目的财务内部收益率，并对结果进行必要的分析后，确定基准收益率。

5.德尔菲专家调查法

采用德尔菲（Delphi）专家调查法测算行业财务基准收益率，应统一设计调查问卷，征求一定数量的熟悉本行业情况的专家，依据系统的程序，采用匿名发表意见的方式，通过多轮次调查专家对本行业建设项目财务基准收益率取值的意见，并对调查结果进行必要的分析，综合各种因素后确定基准收益率。

通过上述讨论可进一步认识到，合理地确定基准收益率，对于决策的正确性是极为重要的。要正确确定基准收益率，其基础是资金成本、机会成本，而投资风险、通货膨胀和资金限制也是必须考虑的因素。国家有关部门按照企业或行业的平均投资收益率，并考虑产业政策、资源劣化程度、技术进步和价格变动等因素，分行业确定并颁布基准收益率。同时，国家正是通过制定并颁布各行业的基准收益率，来达到投资调控的目的的。

第四节　财务偿债能力评价指标

项目清偿能力分析主要是考察计算期内各年的财务状况及偿债能力，用以下指标表示：

一、借款偿还期

借款偿还期是指项目投产后的收益偿还项目投资借款本息所需要的时间。它是反映项目借款偿债能力的重要指标。一般情况下，借款偿还期可通过计算得到或等于借贷双方约定还款年限，其计算公式为

$$I_d = \sum_{t=1}^{P_d} \left(R_p + D_t + R_o + R_t \right)$$

$$(4-21)$$

式中 P_d ——借款偿还期（从借款开计算）；I_d ——建设投资借款本金和利息之和；R_p ——第 t 年可用于还款的利润；D_t ——第 t 年可用于还款的折旧费；R_o ——第 t 年可用于还款的其他收益；R_t ——第 t 年企业留利。

在实际工作中，借款偿还期可直接从财务平衡表推算，以年表示。其计算公式为

$$P_d = (借款后首次出现盈余的年份 -1) + \frac{当年应偿还借款额}{当年可用于还款的收益额} \qquad (4-22)$$

评价准则为借款偿还期能满足贷款机构的要求期限时，即认为项目是有借款偿还能力的。借款偿还期等于借贷双方约定还款年限时，可视为已知，此时各年偿还本金和支付利息数额的方法有两种。

（一）等额偿还本金和利息

$$A = I_d \frac{i(1+i)^{P_d}}{(1+i)^{P_d}-1} \qquad (4-23)$$

式中 A ——每年还本付息额。

还本付息额中各年偿还的本金和利息是不等的，但两者之和相等，偿还本金部分将逐年增多，支付利息部分将逐年减少。其表达式为

每年支付利息 = 年初本金累计 × 年利率 $\qquad (4-24)$

每年偿还本金 =A − 每年支付利息 $\qquad (4-25)$

（二）等额还本、利息照付

每年支付利息 = 年初本金累计 × 年利率 $\qquad (4-26)$

各年度偿还本息之和是不等的，偿还期内每年偿还的本金额相等，利息将随本金逐年偿还而减少。

二、利息备付率

利息备付率是指借款偿还期内，各年可用于支付利息的税息前利润与当期应付利息费用的比值。利息备付率是从付息资金来源的充裕性角度反映项目偿付债务利息的保障程度。利息备付率在借款还清之前分年计算，利息备付率越高，表明利息偿付的保障程度越高。参考国际经验和国内行业的具体情况，根据中国企业历史数据统计分析，利息备付率应大于2，并结合债权人要求确定。其表达式为

$$利息备付率 = \frac{年息税前利润}{当期应支付利息费用} \times 100\% \qquad (4-27)$$

利息年息税前利润=利润总额＋计入总成本费用的利息费用　　　　（4-28）

三、偿债备付率

偿债备付率是指借款偿还期内，用于还本付息的资金与应还本付息额的比值。偿债备付率表示用于还本付息的资金偿还债务资金的保障程度。偿债备付率应大于1，并结合债权人要求确定。其表达式为

$$偿债备付率 = \frac{可用于还本付息的资金}{当期应还本付息金额} \times 100\%$$
（4-29）

可用于还本付息的资金包括可用于还款的折旧和摊销成本中单列的利息费用，可用于还款的税后利润等。当期应还本付息金额包括当期应还贷款本金及计入成本的利息。融资租赁的本息和经营期内的短期借款本息也应纳入还本付息金额。

偿债备付率在借款还清之前分年计算。偿债备付率越高，表明可用于还本付息的资金保障程度越高。

四、资产负债率

资产负债率反映项目利用债权人提供资金进行经营活动的能力，并反映债权人发放贷款的安全程度。资产负债率可由资产负债表求得，其表达式为

$$资产负债率 = \frac{负债总额}{全部资产总额} \times 100\%$$
（4-30）

一般认为，资产负债率在 0.5 ~ 0.7 较为合适。

适度的资产负债率，表明企业经营安全、稳健，具有较强的筹资能力，也表明企业和债权人的风险较小。应结合国家宏观经济状况、行业发展趋势、企业所处竞争环境等具体条件来分析资产负债率指标。项目财务分析中，在长期负债还清后，可不再计算资产负债率。

五、流动比率

流动比率反映项目流动资产在短期债务到期以前可以变为现金、用于偿还流动负债的能力。流动比率可由资产负债表求得，其计算公式为

$$流动比率 = \frac{流动资产}{流动负债} \times 100\%$$
（4-31）

一般认为流动比率为 2 较为适当。

六、速动比率

速动比率反映项目流动资产中可以立即用于偿付流动负债的能力。速动比率可由资产负债表求得，其计算公式为

$$速动比率 = \frac{速动资产}{流动负债} \times 100\% \tag{4-32}$$

$$速动资产 = 流动资产 - 存货 \tag{4-33}$$

一般认为速动比率为 1 较为适当。

第五节 财务评价指标的应用

一、独立型方案经济效果评价

独立方案又称单方案，独立方案的可行性取决于方案自身的经济效果是否达到或超过预定的评价标准。这时，只需通过计算方案的经济效果指标，并按照指标的判别准则加以检验就可做到。如果方案的经济效果达到或超过了预定的评价标准或水平，就认为方案在经济上是可行的；否则，应予拒绝。

独立方案的静态评价指标主要有投资收益率、静态投资回收期等，动态评价指标主要有净现值、内部收益率法、动态投资回收期等。费用现值、费用年值不能作为单方案的评价指标。

（一）静态指标评价

1. 应用投资收益率对投资方案进行评价的步骤

（1）确定行业基准投资收益率R_0。

（2）计算投资方案的投资收益率R。

（3）若$R \geqslant R_0$，则方案可以考虑接受；若$R < R_0$，则方案被拒绝。

2. 应用静态投资回收期对投资方案进行评价的步骤

（1）确定行业基准投资回收期P_0。

（2）计算投资方案的静态投资回收期 P_t 。

（3）若 $P_t \leqslant P_c$ ，则方案可以考虑接受；若 $P_t > P_c$ ，则方案被拒绝。

（二）动态评价指标

1. 应用净现值 NPV 对投资方案进行评价的步骤

（1）依据现金流量表和确定的基准收益率计算方案的净现值 NPV 。

（2）若 $NPV \geqslant 0$ ，则方案在经济上是可行的；若 $NPV < 0$ ，则方案是不可行的。

2. 应用内部收益率 IRR 对投资方案进行评价的步骤

（1）依据现金流量表计算出方案的内部收益率 IRR 。

（2）根据给定的基准收益率 i_c 和内部收益率的评价准则对方案进行评价。若 $IRR \geqslant i_c$ ，方案在经济上是可行的；若 $IRR < i_c$ ，方案是不可行的。

无论采用净现值还是内部收益率，单方案的评价结论都是一致的。

二、互斥型方案经济效果评价

（一）互斥型方案的概念及分类

没有资金约束的条件下，在一组方案中，选择其中的一个方案则排除了接受其他任何一个的可能性，则这一组方案称为互斥型多方案。

按服务寿命长短不同，互斥方案可分为：1.相同服务寿命的互斥方案，即参与对比或评价方案的寿命均相同；2.不同服务寿命的互斥方案，即参与对比或评价方案的寿命均不相同；3.无限长寿命的互斥方案，大型基础设施和市政工程可视为无限寿命的工程，如大型水坝、运河工程。

按规模不同，互斥方案可分为：1.相同规模的方案，即参与对比或评价的方案具有相同的产出量或容量，在满足相同功能方面具有一致性和可比性；2.不同规模的方案，即参与评价的方案具有不同的产出量或容量，在满足相同功能方面不具有一致性和可比性。

（二）互斥方案比选

项目互斥方案比较，是技术经济评价工作的重要组成部分，也是寻求合理决策的必要手段。

l.互斥方案比选的基本步骤

互斥方案比选的基本步骤如下。

（1）按项目方案投资额从小到大将方案排序。

（2）以投资额最低的方案作为临时最优方案，计算此方案的绝对经济效果指标，并与判别标准比较，直至找到一个可行的方案。

（3）依次计算各方案的相对经济效益，并与判别标准比较，优胜劣汰，最终取胜者即为最优方案。

2.互斥方案必须具备的可比条件

互斥方案经济效果评价的特点是要进行多方案比选，故应遵循方案间的可比性。其必须具备的可比条件是：1.被比较方案的费用及效益计算口径一致；2.被比较方案具有相同的寿命期；3.被比较方案现金流量具有相同的时间单位。如果以上条件不满足，则各个方案之间不能进行直接比较，必须经过一定转化后方能进行比较。

（三）寿命期相同方案的比选

l.利用净年值、净现值、费用现值和费用年值指标比选

如果各备选方案各年的净现金流量可以估算，则可以采用净现值、净年值、费用现值、费用年值等指标进行比选。通常遵循以下两个步骤

（1）先分别检验各方案自身绝对经济效果，将不能通过评价标准的方案淘汰。

（2）检验方案的相对经济效果，根据净现值（净年值）最大准则或费用现值（费用年值）最小准则，对方案进行优选。

2.利用增量分析法进行比选

增量分析法一般采用两两比较的环比方式。增量分析法的一般步骤如下，

（1）将方案的投资额由小到大排序。

（2）进行各方案绝对效果评价。计算各方案的 IRR 指标，考察经济合理性。淘汰 $IRR < i_0$ 的方案，保留通过绝对效果检验的方案，选取投资额最小的合理方案为临时最优方案。

（3）进行相对效果评价。依次计算其余方案相对于前一步骤中的最优方案的 $\bar{\Delta}IRR$。若 $\bar{\Delta}IRR > i_0$，则保留投资额大的方案；反之，则保留投资额小的方案，直至最后一个被保留的方案，即为最优方案。

（四）寿命期不同方案的比选

对寿命期不等的互斥方案进行比较，首先要使方案具有可比性。满足这一要求需要解决两个方面问题：一是设定一个合理的共同分析期；二是给寿命期不等于分析期的方案选择合理的方案连续假定或者残值回收假定。

1. 年值法

年值法是指投资方案在计算期的收入及支出按一定的折现率换算为等值年值，用以评价或选择方案的一种方法。在对寿命期不同的互斥方案进行评选时，特别是参加比选的方案数目众多时，年值法是最简便的方法。年值法使用的指标有净年值和费用年值。对各备选方案净现金流量的净年值（NAV）进行比较，以 $NAV \geq 0$ 且 NAV 最大者为最优方案。在对寿命不等的互斥方案进行比选时，净年值是最为简便的方法，在方案评价时它比内部收益率 IRR 更为简便。同时，用等值年金可不考虑计算期的不同，故它也较净现值 NAV 简便，当参加比选的方案数目众多时尤其如此。

2. 现值法

当互斥方案寿命不同时，一般情况下，各方案的现金流在各自寿命期内的现值不具有可比性。若采用现值法，则需对各备选方案的寿命期做统一处理，使方案满足可比性要求。处理方法通常有以下两种。

1. 最小公倍数法（又称方案重复法）

取各备选方案寿命期的最小公倍数作为方案比选时共同的分析期，即将寿命期短于最小公倍数的方案按原方案实施，直到寿命期等于最小公倍数为止。

利用最小公倍数法有效地解决了寿命不等的方案之间净现值的可比性问题，但这种方法所依赖的方案可重复实施的假定不是在任何情况下都适用的。对于某些不可再生资源开发型项目，在进行计算期不等的互斥方案比选时，方案可重复实施的假定不再成立，这种情况下就不能用最小公倍数法确定计算期。有的时候用最小公倍数法求得的计算期过长，甚至远远超过所需的项目寿命期或计算期的上限，这就降低了所计算方案经济效果指标的可靠性和真实性，故也不宜用最小公倍数法。

2. 研究期法

通常选取方案中最短的寿命期作为共同的分析期，当然，也可取所期望的计算期为共同研究期。对于计算期短于共同研究期的方案，仍可假定其计算期完全相同地重复延续，也可按新的不同的现金流量序列延续。对于需要计算寿命期长于共同分析期的方案，应估算该方案在共同分析期末回收的资产余值，该项余值估算的合理性及准确性，对方案结论有重要影响。

三、其他多方案经济效果评价

其他类型多方案包括以下几种。

（一）先决型多方案

它是指在一组方案中，只要接受某一方案，就要求接受另一个或多个方案，接受后者的一个或多个方案，则首先要接受前者的一个方案。

（二）现金流量相关型多方案

它是指在一组方案中，方案之间不完全是排斥关系，也不完全是独立关系，但某一方案的变化会导致其他方案现金流量的变化。

（三）互补型多方案

它是指在一组方案中，某一方案的接受有助于其他方案的接受，方案之间存在着相互补充的关系。

对于先决型和互补型的多方案，可以合并为一个方案进行处理。互补型的原方案与互补型方案之间形成互斥，现金流量相关型多方案可以经过处理，形成互斥方案后再进行评价优选。

第五章　价值工程

第一节　价值工程概述

价值工程是以提高产品（或作业）价值和有效利用资源为目的，通过有组织的创造性工作，寻求用最低寿命周期成本，可靠地实现所研究对象的必要功能，以获得最佳综合效益的一种管理技术。

一、价值工程的产生和发展

价值工程（Value Engineering，VE），又称为价值分析（Value Analysis，VA），于1947年前后起源于美国。

由于价值工程技术取得了不错的效果，得到了美国政府的重视，1955年，美国海军造船部门首先采用价值工程技术，取得在1956年正式签订订货合同之后节约了3500万美元的效果。1958年，美国国防部要求所属军工部门都实施价值工程计划。1964年之后，美国政府部门纷纷推广价值工程技术。据相关统计，1964年至1972年，美国国防部由于开展了价值工程活动，先后节约了超过10亿美元的资金。20世纪50年代以后，价值工程技术传到了日本和欧洲，到60年代后，特别是70年代之后，价值工程获得了迅速发展。截至目前，各国在应用价值工程方面，不局限于产品的研究、设计和生产领域，而是延伸至工程组织、预算、服务等领域，价值工程逐渐成为一种公认的相对成熟且行之有效的技术。

价值工程自1978年被中国引进、应用和推广以来，已被大量企业采用，节省了大量能源和珍贵的原材料，降低了生产成本，提高了经济效益。可以说，价值工程通过改进技术，寻求提高效益的途径，已成为企业提高竞争力的科学管理方法。

二、价值工程的基本概念及特点

（一）价值工程的基本概念

价值工程是通过对各种相关领域的协作，对所研究对象功能和费用进行系统分析，进行不断创新，旨在提高所研究对象价值的思想方法和管理技术。即价值工程是以最低寿命周期成本实现一定产品或者作业的必要功能，并致力于功能分析的有组织活动。价值工程的这一定义，涉及三个基本概念，分别为价值、功能与寿命周期成本。

1. 产品的价值

价值工程中的"价值"，是指对象所具有的功能与获得该功能的全部费用之比，它是指对象的比较价值，而非对象的使用价值和交换价值。设对象（如产品、工艺、劳务等）的功能为 F，其成本为 C，价值为 V，则有

$$V = \frac{F}{C}$$

$$（5\text{-}1）$$

价值的大小取决于功能与成本。产品价值的高低反映了产品合理有效利用资源的程度与产品物美价廉的程度。若产品价值高，则表明其资源利用程度高；反之，产品价值低，则表明其资源没有得到有效利用，应设法加以改进与提高。由于"价值"的引入，产生了新的产品评价形式，即把功能与成本、技术与经济结合起来进行综合评价。提高价值是广大消费者利益的要求，也是企业和国家利益的要求。因此，企业应当千方百计地提高产品价值，创造出物美价廉的产品。

2. 产品的功能

价值工程中的功能是指对象能够满足某种需求的一种属性。任何产品都具有功能，例如，人们需求住宅，实质上是需要住宅"提供生活空间"的功能。

功能是产品的本质属性，因为产品只有具备了功能才能存在和被使用，人们购买产品实际上是购买产品所具有的功能。价值工程的特点之一就是研究并切实保证用户需求的功能。

3. 全寿命周期成本（费用）

建筑产品在整个寿命周期过程中所发生的全部费用，从项目构思到项目建成投入使用直至报废的全过程发生的一切可直接体现为资金耗费的投入总和，称为全寿命周期成本，也称为全寿命周期费用，它包括建设费用和使用费用两部分。建设费用是指建筑产品从筹建一直到竣工验收为止的全部费用，包括勘察设计费、施工建造费等。使用费用是指用户在使用过程中所发生的各种费用，包括维修费用、能源消耗费用、管理费用等。对用户来讲，建筑产品周期费用 C 是建设费用 C_1 与使用费用 C_2 之和，即 $C = C_1 + C_2$。

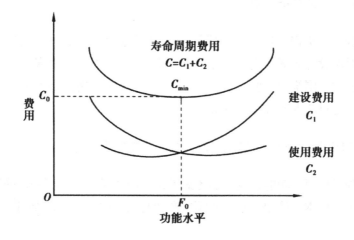

图 5-1 寿命周期费用与功能水平的关系

建筑产品的寿命周期费用与建筑产品的功能有关。从图 5-1 可以看出，随着建筑产品功能水平的提高，建筑产品的使用费用逐渐降低，而建设费用逐渐增加；反之，使用费用增加，建设费用降低。建设费用、使用费用与功能水平决定了寿命周期费用与功能水平的关系呈马鞍形变化，决定了寿命周期费用存在最低值 C_{min}。寿命周期费用 C_{min} 所对应的功能水平 F_0 是从费用方面考虑的最为适宜的功能水平。

（二）价值工程的特点

1. 价值工程寻求以最低寿命周期成本，实现产品或作业的必要功能

价值工程不是简单地强调提高功能、降低成本，而是致力于功能与成本的合理结合。

2. 价值工程以功能分析为核心

功能分析是分析产品怎样使用更少的人力物力消耗，来满足用户需要的功能。通过功能分析，能够确定产品的必要成本，去掉或者削弱产品的多余功能，进而改进产品设计，降低成本。

3. 价值工程是有组织、有计划的管理活动

价值工程是贯穿于产品整个寿命周期的系统方法，包括产品的研究、设计到原材料采购、生产制造以及推销和维修等。因此，企业在开展价值工程活动时，必须集中人才（包括有经验的技术、经济管理、工作人员，甚至用户），并通过适当的形式把他们组织起来共同研究，依靠集体的智慧和力量，发挥各方面、各环节人员的知识、经验和积极性，有计划、有领导、有组织地开展活动，才能达到既定目标。

4. 价值工程以创造精神为支柱

价值工程强调"突破、创新、求精"，旨在发挥创造精神，充分发挥人们的主观能动作用。首先应对原设计方案等进行功能分析，突破原设定下的框架；然后在原设计的基础上发挥创造精神，围绕用户要求的功能，实施更可行的方案；最后对取得的成绩提出质疑，用严谨的态度对新方案进行分析研究，精益求精。

5. 价值工程将产品价值、功能和成本作为一个整体来考虑

即价值工程对价值、功能、成本的考虑不是片面和孤立的，而是在确保产品功能的基础上综合考虑生产成本和使用成本，兼顾生产者与用户的利益，进而创造出总体价值最高的产品。

6. 价值工程更侧重于产品的研制与设计阶段

以达到技术突破，取得最佳的综合效果。在产品形成的各个阶段都可以应用价值工程提高产品价值，但应注意，在不同阶段进行价值工程活动，取得的经济效果会存在差异。例如，对于大型复杂产品，价值工程的应用重点是在产品的研究设计阶段。

三、提高价值的途径

价值工程以提高产品价值为目的，这既是用户的需要，又是生产经营者追求的目标，两者的根本利益是一致的。因此，企业应当研究产品功能与成本的最佳匹配。价值工程的基本原理公式 $v=\frac{F}{C}$，深刻地反映了产品价值与产品功能和实现此功能所消耗成本之间的关系，而且也为提高价值链提供了有效途径。提高产品价值的途径有以下五种。

（一）通过改进设计，在保持产品功能不变的前提之下，通过降低成本达到提高产品价值的目的，即

$$\frac{F\rightarrow}{C\downarrow}=V\uparrow \tag{5-2}$$

（二）通过改进设计，在产品成本不变的条件下，通过提高产品的功能，以及在产品中增加某些用户需要的功能，达到提高产品价值的目的，即

$$\frac{F\uparrow}{C\rightarrow}=V\uparrow \tag{5-3}$$

但要注意：降低成本是指降低产品的寿命周期成本，而非产品的生产成本。在寿命周期成本的构成中，由于生产成本在短期内集中支出并且体现在价值中，容易被人们所接收

受，进而可采取措施加以控制。例如，一种绿色建筑产品，如果单纯追求生产成本的降低，其建造质量就会降低，相应地在使用过程中维修费用就会很高，甚至有可能发生重大事故，带来严重的社会财产和人身财产安全问题。因此，降低成本要综合考虑生产成本和使用成本的下降，兼顾生产者和用户的利益，以获得最佳的社会综合效益。

（三）通过改进设计，在产品成本不变的条件下，通过提高产品的功能，以及在产品中增加某些用户需要的功能，达到提高产品价值的目的，即

$$\frac{F\uparrow\uparrow}{C\uparrow}=V\uparrow \tag{5-4}$$

这种情况下，顾客可以用稍高的价钱买到比原来质量更好的产品。该途径适用于中高档产品和多功能产品，特别是升级换代产品。

（四）对于某些消费品，在不严重影响使用要求的情况下，适当降低产品功能中某些非主要方面的指标，可以换取成本较大幅度的降低，即

$$\frac{F\downarrow}{C\downarrow\downarrow}=V\uparrow \tag{5-5}$$

在这些情况下，为了满足购买力较低的用户或一些注重价值竞争而不需要高档的产品，适当生产价廉的低档品，可以获得较好的经济效益。

（五）在提高产品功能时，降低产品成本，从而大幅度提高使用价值，即

$$\frac{F\uparrow}{C\downarrow}=V\uparrow\uparrow \tag{5-6}$$

这是最理想的途径，也是对资源的最佳利用，这样产品才能实现"物美价廉"。但是这对生产者要求较高，需要突破技术并完善管理。

总之，在产品形成的各个阶段都可以应用价值工程来提高产品价值。但是应注意，在不同阶段进行价值工程活动，其经济效果会存在差异。对于大型复杂的产品，应用价值工程的重点是在产品研究设计阶段，当产品的设计图纸完成并投入生产后，产品的价值基本就已经确定了，这时如果再进行价值工程分析就会变得更加复杂，改变生产工艺、设备工具等可能会造成很大的浪费，使价值工程技术效果大大降低。因此，价值工程活动更侧重于产品的研制与设计阶段，通过技术上的突破，获得最佳的综合效果。

四、价值工程的基本工作程序

价值工程的工作过程，实质上就是针对产品的功能和成本提出问题、分析问题、解决问题的过程。针对价值工程的研究对象，整个活动是围绕着 7 个基本问题系统地展开的。这 7 个问题决定了价值工程的一般工作程序，见表 5-1。

表 5-1　价值工程的基本工作程序

一般决策过程阶段	价值工程工作程序	价值工程提问
分析问题	1. 对象选择	1. 价值工程的对象是什么？
	2. 情报收集	2. 它是干什么用的？
	3. 功能分析	
	4. 功能评价	3. 其成本是多少？
综合研究	5. 方案创造	4. 其价值是多少？
	6. 概略评价	5. 有无其他方法实现同样的功能？
	7. 方案制订	6. 新方案成本是多少？
	8. 试验研究	7. 新方案能满足要求吗？
方案评价	9. 详细评价	
	10. 提案审批	
	11. 方案实施与检查	
	12. 成果鉴定	

第二节　价值工程对象选择与情报收集

一、价值工程的对象选择原则

价值工程是就某个具体对象开展有针对性的分析评价和改进，因此，首先应确定分析对象，明确分析的具体内容和目标。

价值工程的对象选择过程就是逐步收缩研究范围，寻找目标，确定主攻方向的全过程。在生产建设中存在众多技术经济问题，涉及范围也较广泛，因此为了节省资金、提高效率，只能从中选择最好的一部分来实施。因此，能否正确选择对象是价值工程收效大小和成败的关键。

价值工程的目的在于提高产品价值，而对象的选择则需要从市场需要出发，结合现实情况进行系统考虑。

一般来讲，对象选择的原则应遵循以下几点。

（一）从设计方面来讲

对产品结构复杂、性能和技术指标差异大、体积大、质量大的产品进行价值工程活动，可以使产品结构、性能、技术水平得到优化，从而提高产品价值。

（二）从生产方面来讲

宜选择量多面广、关键部件、工艺复杂、原材料消耗高和废品率高的产品或者零部件。特别是对量多价值大的产品，只要成本下降，所取得的经济效果就大。

（三）从市场销售方面来讲

宜选择用户意见多、系统配置差、维修能力低、竞争力差、利润低的产品，周期时间长的产品，以及市场上畅销但是存在激烈竞争的新产品、新工艺等。

（四）从成本方面来讲

宜选择成本高于同类产品且成本比重大的产品（如材料费、管理费、人工费等占比大的产品），降低其成本，以最低的寿命周期成本实现其必要功能。

根据上述原则，对生产企业出现以下情况的，应优先选择为价值工程的对象：1.结构复杂或者落后的产品；2.制造工序多或者制造方法落后，以及手工劳动较多的产品；3.原材料种类繁多和互换材料较多的产品；4.在总成本中占比大的产品。

对由多部分组成的产品，应优先选择以下部分作为价值工程对象：1.造价高的组成部分；2.在产品成本中占比大的组成部分；3.数量多的组成部分；4.体积或者质量大的组成部分；5.废品率高和关键性的组成部分。

二、价值工程对象选择的方法

价值工程对象选择往往要兼顾定性与定量分析，选择方法有很多，不同方法适用于不同的价值工程对象。因此，应根据具体情况选择适当方法，以取得最佳效果。

（一）经验分析法

经验分析法是一种对象选择的定性分析方法，是目前企业普遍使用的、简单易行的价值工程对象选择方法。它实际上是根据一些实践经验丰富的专业人员和管理人员对企业存在问题的直接感受，经过主观判断确定价值工程对象的一种方法。运用该方法进行选择时，要对各种影响因素进行综合分析，区分主次轻重，考虑需要与可能，以保证对象选择的合理性。因此，经验分析法又称为因素分析法。

经验分析法的优点在于简便易行，考虑问题综合全面；但缺点是缺乏定量分析，在分析人员经验不足时容易影响结果的准确性，不过用在初选阶段是可行的。

总之，运用这种方法需要抓住主要矛盾，选择成功概率大、经济效益高的产品和零部件作为价值工程的重点分析对象。

（二）ABC 分析法

ABC 分析法又称巴特雷分析法、ABC 分类管理法、排列图法等，它是根据事物相关方面的特征进行分类、排队，分清重点和一般，有区别地进行实施管理的一种分析方法。ABC 分析法起源于意大利经济学家、社会学家维尔佛雷多 · 巴特雷（Vilfredo Pareto）对人口和社会问题的研究。巴特雷依据一些国家的历史统计资料，对资本主义国家国民收入分配问题进行研究时，发现收入少的占全部人口的大部分，而收入多的却只占小部分。他将这一关系利用坐标绘制出来，就是著名的巴特雷曲线。1951 年，管理学家戴克（Dyke）将其应用于库存管理，定义为 ABC 分析法，使巴特雷法则从对一些社会现象的反映和描述发展成为一种重要的管理手段。

ABC 分析法通过应用数理统计分析的方法来选择对象，其基本原理在于"关键的少数和次要的多数"，抓住关键的少数可以解决问题的大部分。在价值工程中，这种方法的基本思路是：首先把一个产品的各种部分（企业各种产品）按成本的大小由高到低排列起来，绘成费用累计分配图（图 5-2）。然后将占总成本 70% ~ 80% 而占零件部件总数 10% ~ 20% 的零部件划分为 A 类部件，将占总成本 5% ~ 10% 而占零件部件总数 60% ~ 80% 的零部件划分为 C 类部件，其余为 B 类部件。其中，A 类零部件是价值工程的主要研究对象。ABC 分析法还可利用图表反映出来。

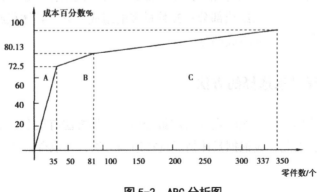

图 5-2 ABC 分析图

例如，某产品共有 337 个零件，总成本为 4000 元，根据帕累托原理，分成 ABC 三大类（表 5-2）。

表 5-2 ABC 分类法

	零件数 / 个	零件比重 / %	累计零件比重 / %	零件成本 / 元	成本比重 / %	累计成本比重 / %
A	35	10.39	10.39	2 900	72.5	72.5
B	46	13.65	24.04	323	8.08	80.13
C	256	75.96	100	777	19.42	100
合计	337	100	—	4000	100	—

因此，将 A 类 35 个零件作为价值工程的对象，本例的 ABC 分析图如图 5-2 所示。从 ABC 分析图中可以清楚地看出来，只要集中在 A 类零件上做些工作，那么一定会达到降低产品成本的目的。

ABC 分析法以占成本比重大的零部件或者工序作为研究对象，有利于集中精力重点突破，取得较好效果，同时简便易行，因此被人们广泛采用。但是在实际工作中，有时由于成本分配得不合理，造成成本比重不大，但用户认为功能重要的对象可能被漏选或排序推后。ABC 分析法的这一缺点可以通过经验分析法、强制确定法等方法进行补充与修正。

（三）百分比法

百分比法是一种定量分析的方法，它通过分析每个产品的若干个技术经济指标所占的百分比，并考查每个产品指标百分比的综合性比率来选择对象。

技术经济指标是指产值、成本、利润、销售额、造价等；综合性比率则是指对某个产品求出其占各个技术经济指标的百分比数，然后对这些百分比数按照可比项目（即相比的比值具有一定经济含义的项目）进行比较所得到的比值。

例如，某厂生产的四种主要产品，其成本和利润所占百分比见表 5-3。

表 5-3 相关数据

产品名称	A	B	C	D	E
成本 / 万元	50	30	20	10	110
成本占百分比 / %	45.1	27.2	18.1	9.1	100
利润 / 万元	11.5	5.0	6.0	2.5	25
利润占百分比 / %	46	20	24	10	100
成本利润率	23	16.7	30	25	

从表 5-3 中的计算结果可知，B 产品成本利润率最低，应选为价值工程对象。

（四）强制确定法

强制确定法是以功能重要程度作为选择价值工程对象的一种分析方法。具体做法是：先求出分析对象的成本系数和功能系数，然后得出价值系数，以揭示分析对象的功能与成本之间是否相符。如果不相符，价值低的则被选为价值工程的研究对象。这种方法在功能评价和方案评价中也有应用。

强制确定法从功能和成本两方面综合考虑，比较实用，不仅能明确揭示出价值工程的研究对象，而且具有数量概念。但这种方法是人为打分，不能准确地反映出功能差距大小，只适用于部件间功能差别不太大且比较均匀的对象，而且一次分析的部件数目也不能太多，以不超过 10 个为宜。当零部件很多时，可以先用 ABC 分析法、因素分析法选出重点部件，然后再用强制确定法细选；也可以用逐层分析法，从部件选起，然后再从重点部件中选出重点零件。

（五）价值系数法

当某一个产品由多个零部件组成，而这些零部件的重要性又各不相同时，可应用价值系数法选择分析对象，其步骤如下。

1. 用 0~1 评价法（强制确定法或 FD 法）计算功能系数

做法是将零部件排列起来，一对一地进行重要性比较，即每一个零部件分别与其他零部件相比较，重要的得 1 分，不重要的得 0 分；每一零部件与其他零部件比较过一轮之后，求出各自的重要性，即得分积累；各零部件得分累计之和为总分，每一个零部件得分累计与总分之比，即为该零部件的功能系数。

有时某一零部件的得分总值为 0，但是实际上该零部件只是在整体中重要性最弱，而不是没有作用或重要性。因此，为了避免产生误解，可以对得分值加以修正。修正方法是给每一个零部件得分都加 1 分，然后用修正后的得分值计算功能系数，即

$$功能系数 F_i = \frac{零部件得分累计}{总分}$$

$$(5-7)$$

2. 求出每一零部件的成本与各零部件成本总和之比

即成本系数

$$成本系数 C_i = \frac{零部件成本}{各零部件成本之和}$$

$$(5-8)$$

3. 用功能系数除以成本系数

即得出每个零部件的价值系数

$$价值系数 V_i = \frac{功能系数}{成本系数}$$

（5-9）

计算出各零部件的价值系数之后，根据价值系数对零部件进行分析评价，选择价值工程对象。当 $V_i = 1$ 时，表明零部件的功能与成本是匹配的，这样的零部件不作为价值工程分析对象；当 $V_i > 1$ 时，表明零部件的成本分配偏低，与其功能不匹配，这种情况下，应该首先分析是否存在功能过剩，若存在则予以消除，否则应该适当增加成本，避免质量隐患；当 $V_i < 1$ 时，表明零部件实现的功能所分配的成本偏高，故应该把这样的零部件作为价值工程的重点分析对象。

三、价值工程信息资料的收集

价值工程的工作过程就是提出问题、分析问题、解决问题的决策过程。在此过程中，为实现提高价值目标所采取的每个行动和决策，都离不开必要的信息资料。在功能定义阶段，为弄清楚价值工程对象应具有的必要功能，必须了解与对象相关的各种信息资料。

在功能评价阶段，为确定功能的目标成本，以及在方案创造阶段，为创造和选择最优改进方案、实现最低寿命周期费用，都需要大量的信息资料。因此，收集、整理信息资料的工作贯穿于价值工程的全过程。价值工程的工作过程同时也是对信息资料收集、整理和运用的过程。可以说，价值工程成果的大小，在很大程度上取决于占有信息资料的质量、数量和取得的适宜时间。

价值工程所需要的信息资料，视具体情况而定，一般来讲，包括以下几个方面。

（一）用户方面的信息收集

主要包括用户的使用目的、使用环境和使用条件，用户对产品性能方面的要求，操作、维护和保养条件，以及对价格、配套部件和服务方面的要求。收集这方面的信息资料是为了充分了解用户对产品的期待、要求。

（二）市场销售方面的信息资料

主要包括产品市场销售量变化情况，市场容量，同行业竞争对手的规模、经营特点、管理水平，产品的产量、质量，售价、市场占有率、技术服务、用户反映等。

（三）技术方面的信息资料

主要包括产品的各种功能、各种功能水平高低以及实现各种功能的方式与方法；本产品的企业产品设计、工艺、制造等技术档案，企业内外、国内外同类产品的技术资料，如同类产品的设计方案、设计特点、产品结构、加工工艺、设备、材料、标准、新技术、新工艺、新材料、能源及"三废"处理等情况。

（四）经济方面的信息资料

成本是计算价值的必要依据，是功能成本分析的主要内容。因此，应了解同类产品的价格、成本及其构成（包括生产费、销售费、运输费、零部件成本、外购件、"三废"处理等）。

（五）本企业的基本资料

主要包括企业的经营方针，内部供应、生产、组织、生产能力及限制条件，销售情况以及产品成本等方面的信息资料。

（六）环境保护方面的信息资料

主要包括环境保护的现状，"三废"状况及处理方法和国家法规标准。

（七）外协方面的信息资料

主要包括外协单位状况，外协件的品种、数量、质量、价格、交货期等。

（八）政府和社会有关部门的法规、条例等方面的信息资料

这一类信息资料主要是指国家相关法规、条例、政策、环境保护、公害等影响产品的资料。

收集的资料以及信息等一般都需要加以分析、整理，并剔除无效资料，使用有效的资料，以便于价值工程活动的分析研究。此外，收集资料时还要注意目的性、计划性、可靠性等，以保证价值工程活动圆满完成。

第三节 价值工程的功能分析与评价

一、价值工程的功能分析

功能分析是价值工程活动的核心和基本内容。它通过分析信息资料，用"动词+名称"组合的方式简明、正确地表达各对象的功能，明确功能特性要求并绘制功能系统图，从而明确产品各功能之间关系，以便去掉不合理的功能，调整功能间比重，使产品的功能结构更合理。

功能分析包括功能定义、功能整理和功能计量等内容。通过功能分析，回答对象"是干什么用的"的问题，从而准确掌握用户的功能要求。功能分类是基础，功能整理是依据，功能计算和功能评价是关键。

（一）功能分类

根据功能的不同特性，可以从不同的角度对功能进行分类。

1. 按功能的重要程度分类

产品的功能一般可分为基本功能和辅助功能两类。基本功能就是要达到某种产品目的所必不可少的功能，是产品的主要功能，如果不具备这种功能，这种产品就失去其存在的价值。例如，建设工程承重外墙的基本功能是承受荷载，室内间壁墙的基本功能是分隔空间。辅助功能是为了更有效地实现基本功能而附加的功能，是次要功能，如墙体的隔声、隔热就是辅助功能。

2. 按功能的性质分类

产品的功能可分为使用功能和美学功能。使用功能是从功能的内涵反映其使用属性，是一种动态功能；美学功能是从产品的外观反映功能的艺术属性，是一种静态的外观功能。建筑产品的使用功能一般包括可靠性、安全性和维修性等，其美学功能一般包括造型、色彩、图案等。无论是使用功能还是美学功能，都是通过基本功能和辅助功能来实现的。建筑产品构配件的使用功能和美学功能要根据产品的特点而有所侧重。有的产品应突出使用功能，如地下电缆、地下管道等，有的突出美学功能，如塑料墙纸、陶瓷壁画等，当然，有的产品需要兼而有之。

3. 按用户的需求分类

产品的功能可分为必要功能和不必要功能。必要功能是指用户所要求的以及与实现用户所需要的相关的功能，使用功能、美学功能、基本功能、辅助功能等均为必要功能。不必要功能是不符合用户要求的功能，它包括三类：一是多余功能，二是重复功能，三是过剩功能。不必要功能必然产生不必要费用，这不仅增加了用户的经济负担，而且还浪费了国家资源。因此，功能分析是为了可靠地实现必要功能，对这部分功能，无论是使用功能，还是美学功能，都应当充分而可靠地实现，即充分满足用户必不可少的功能要求。

4. 按功能的量化标准分类

产品的功能可分为过剩功能与不足功能。这是相对于功能的标准而言，从定量角度对功能采用的分类。过剩功能是指某些功能虽属于必要，但是满足需要多余，在数量上超过了用户要求或标准功能水平。不足功能是相对于过剩功能而言的，表现为产品整体功能或零部件功能水平在数量上低于标准功能水平，不能完全满足用户需要。

总之，用户购买一件产品，其目的不是获取产品本身，而是通过购买该件产品来获取其所需要的功能。因此，价值工程中的功能一般是指必要功能。价值工程对产品的分析，首先是对功能的分析，通过功能分析，弄清楚哪些功能是必要的，哪些功能是不必要的，从而在创新方案中去掉不必要功能、补充不足功能，使产品的功能结构更加合理，达到可靠地实现使用者所需要功能的目的。

（二）功能定义

任何产品都具有使用价值，即功能。功能的定义就是以简洁的语言对产品功能加以描述。这里要求描述的是"功能"，而不是对象的结构、外形或材质。因此，功能定义的过程就是解剖分析的过程。

但是应注意以下几点：1. 尽量准确，使用词汇要反映功能的本质；2. 适当抽象，以不违反准确性原则为度；3. 使用简洁语言，多用"两词"法（即动词＋名词）；4. 全面分析，可参照产品的结构，按从上到下、从主到次的顺序来分析定义。

（三）功能整理

一个产品同时存在结构系统与功能系统，其中功能系统是更加本质的部分。产品的结构是互相联系的，功能上也是互相联系的。功能整理就是根据功能之间的逻辑关系，对功能进行分析归类。功能系统图如图 5-3 所示。

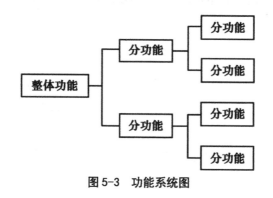

图 5-3 功能系统图

I.功能整理的目的

功能整理是用系统的观点将已经定义了的功能加以系统化，找出各局部功能相互之间的逻辑关系，并用图表形式来表达，以明确产品的功能系统，从而为功能评价和方案构思提供依据。通过功能整理，应满足以下要求。

（1）明确功能范围

搞清楚几个基本功能，这些基本功能又是通过什么功能来实现的。

（2）检查功能之间的准确程度

定义正确的就确认，不正确的加以修改，遗漏的加以补充，不必要的给予取消。

（3）明确功能之间上下位关系和并列关系

即功能之间的目的和手段关系。通常，可按逻辑关系把产品的各个功能相互联系起来，对局部功能和整体功能的相互关系进行研究，达到掌握必要功能的目的。

2.功能整理的一般程序

功能整理的主要任务是建立功能系统图，因此，功能整理的过程也就是绘制功能系统图的过程。其工作程序如下。

（1）编制功能卡片

把功能定义写在卡片上，每条写一张卡片，这样便于排列、调整和修改。

（2）选出最基本功能

从基本功能中挑选出一个最基本功能，也就是最上位的功能（产品的目的），排列在左边。其他卡片按功能的性质，以树状结构的形式向右排列，并分列出上位功能和下位功能。

（3）明确各功能之间的关系

逐个研究功能之间的关系，即找出功能之间的上下位关系。

（4）把经过调整、修改和补充的功能按上下位关系排列成功能系统图。

功能系统图是按照一定原则和方式将定义的功能连接起来，从单个到局部、再从局部到整体而形成的一个完整功能体系，其一般形式如图 5-4 所示。

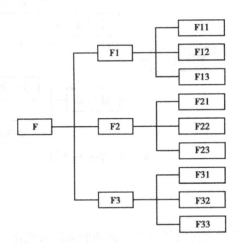

图 5-4　功能系统图

图 5-4 中，从整体功能 F 开始，由左向右逐级展开，在位于不同等级的相邻两个功能之间，左边功能（上级）是右边功能（下级）的目标，而右边功能（下级）是左边功能（上级）的手段。

（四）功能计量

功能计量以功能系统图为基础，依据各功能之间的关系，以对象整体功能定量为出发点，由左向右逐级分析测算，定出各功能程度的数量指标，揭示各级功能领域有无不足或者过剩，从而在保证必要功能的基础上剔除剩余功能，弥补不足功能。功能计量分为整体功能的量化和各级子功能的量化。

1.整体功能的量化

整体功能的计量应以使用者合理要求为出发点，以一定的手段、方法，确定其必要功能的数量标准。它应在质和量两个方面充分满足使用者的功能要求而无过剩或者不足。整体功能的计量是对各级子功能进行计量的主要依据。

2.各级子功能的量化

产品整体功能数量标准确定之后，就可以根据"手段功能满足目的功能"的原则，依据"目的—手段"的逻辑关系，自上而下逐级推算，测定各级手段功能的数量标准。各级子功能的量化方法有很多，如理论计算法、技术测定法、统计分析法、类比类推法、德尔菲法等，可根据具体情况灵活选用。

二、价值工程的功能评价

通过功能分析与整理并明确必要功能之后，价值工程的下一步就是功能评价。功能评价，即评定功能的价值，是指找出实现功能的最低费用作为功能的目标成本（又称为功能评价值），以功能目标成本为基准，通过与功能现实成本的比较，求出两者的比值（功能价值）和两者的差异值（改善期望值），然后选择功能价值低、改善期望值大的功能作为价值工程活动的重点对象。功能评价工作可以更准确地选择价值工程的研究对象，同时，通过制定目标成本，有利于提高价值工程的工作效率，增加工作人员的信心。功能评价程序如图 5-5 所示。

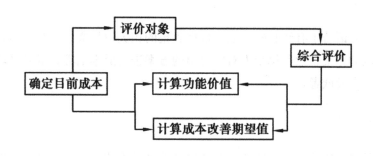

图 5-5　功能评价程序

（一）功能现实成本计算

在价值工程活动中，只有掌握功能的现实成本状况，才能与目标成本或功能价值评价值进行比较，从而评价功能的价值。其评价方法有如下两种。

l. 绝对功能现实成本法

根据产品功能项目核算的功能现实成本，其计算与传统成本核算具有相同之处，即在成本费用构成项目上是完全相同的。不同之处在于，功能现实成本的计算以对象的功能为单位。因此，在计算功能现实成本时，需要根据传统的成本核算资料，将产品或者零部件的现实成本转化为功能的现实成本。具体来讲，当一个零件只具有一个功能时，该零部件的成本即为功能现实成本；当一项功能由多个零部件共同实现时，该功能现实成本就等于这些零部件的功能成本之和；当一个零部件具有多项功能或者同时与多项功能相关时，就需要将零部件成本根据具体情况分摊给各项相关功能。

2. 成本指数法

成本指数是指评价对象的现实成本在全部成本中所占的比率。计算公式如下。

$$CI_i = C_i / \sum_{i=1}^{n} C_i$$

（5-10）

式中 CI_i——功能 f_i 的成本指数；C_i——功能 f_i 的现实成本，$\sum_{i=1}^{n} C_i = C_0$。

（二）功能评价值 F_i 的确定

研究对象的功能评价值可理解为产品生产者有把握达到用户要求功能的最低成本或者理想的目标成本。功能评价值是计算价值的基础，确定方法如下。

1. 经验估算法

此方法是邀请若干有经验的专家，根据收集的相关信息资料，构思出几个实现各功能或者功能区域的方案，然后每个人对构思出的方案进行成本估算，取其平均值，最后从各方案中选出成本最低者。

2. 实际调查法

该方法是通过广泛调查，收集具有相同功能产品的成本，从中选择功能水平相同而成本最低的产品，以这种产品的成本作为功能评价值。

该方法一般适用于能具体测定性能的产品功能评价。使用时要先收集具有相同功能的同类产品的各种指标和数据，如性能、重量、安全性、可靠性、生产条件、生产批量、生产率和成本数据，然后根据功能的实现程度、类似的生产条件和相应的最低成本确定功能评价值。

3. 理论价值标准法

该方法是根据工程计算公式和费用定额资料，对功能成本中的某些费用进行定量计算。运用理论价值标准法，数字的确定有理论根据和公认标准，计算简便。但是当功能成本中的费用无法用理论公式和定额标准计算时，就不能完全依靠这种方法。

4. 功能评价系数法

功能评价系数法又称功能评价指数法，它是根据功能系统图来确定各个功能的重要程度，然后根据总体目标成本来确定各个功能的功能评价值。其中，确定功能评价系数可采用直接评分法、强制性评分法、环比评分法、多比例评分法等。当确定功能评价系数之后，需要确定功能评价值 F_i，但要区分两种情况。其一，对于新设计产品，一般在产品设计之前，根据市场供需情况、价格、企业利润与成本水平，已初步设计了目标成本 C_0。因此，在功能评价系数确定之后，就可以将新产品的目标成本设定为 C_0。按已经确定的功能评级系数分配计算，求出各个功能区的功能评价值 F_i，并将此功能评价值作为功能的目标成本。如果需要进一步求出各个功能区所有各项功能的功能评价值，则采取相同的方法，先求出各项功能评价系数，然后按所求出的功能评价系数，将成本分配到各项功能，求出功能评价值，并以此作为各项功能的目标成本。其二，对于既有产品，应以现实成本为基础，确定总体目标成本，然后根据功能评价系数，将目标成本进行分配，进而确定功能区的目标成本，并据此比较分析各功能区新分配目标成本与原分配成本之间的差异，根据具体情况确定功能评价值。

（三）功能价值 V_i 的计算及分析

通过计算和分析对象的价值 V_i，可以确定成本功能的合理匹配程度。功能价值 V_i 的计算方法可分为功能成本法与功能指数法两大类。

1.功能成本法

功能成本法又称绝对值法，通过比较功能评价值 F_i（目标成本）与现实成本，求出研究对象的价值系数和成本的降低期望值，其表达式为。

$$价值系数 V_i = \frac{功能评价值 F_i}{功能实际成本 C_i}$$

（5-11）

功能的价值计算出来以后，需要进行分析，以揭示功能与成本之间的内在联系，确定评价对象是否为功能改进的重点，以及其功能改进的方向与幅度，从而为后面的方案创新工作打下良好的基础。

2.功能指数法

功能指数法又称相对值法，是用表示对象功能重要程度的功能指数 FI_i 与成本指数 CI_i 的比值，得出该对象的价值指数，从而确定改进对象，以及该对象的成本改进期望值。表达式为

$$价值指数 VI_i = \frac{功能指数 FI_i}{成本指数 CI_i}$$

（5-12）

其特点在于用分值表达功能程度的大小，以便于使系统内部的功能与成本具有可比性。由于评价对象的功能水平和成本水平都是用它们在总体中所占的比率表示的，所以可以定量地表达评价对象价值大小。因此在功能指标中，价值指数是作为评定对象功能价值的指标。

（四）确定 VE 对象的改进范围

价值工程活动经过上述步骤之后，特别是完成功能评价之后，得到其价值的大小，就明确了改进方向、目标和具体范围。确定对象改进范围的原则如下。

I. 价值低的功能区域

计算出来的 $V_i < 1$ 的功能区域基本上都应该进行改进，特别是 i 值比 1 小得较多的功能区域，应力求使 $V_i = 1$ 。

2. $\lambda C_i = C_i - F_i$ 值大的功能区域

通过核算和确定对象的实际成本和功能评价值，分析、测算成本改善期望值，从而排列出改进对象的重点及次序。当 n 个功能区域的价值系数同样低时，就要优先选择 $\lambda C_i = C_i - F_i$；数值大的功能区域作为重点对象。一般情况下，当 $\lambda C_i > 0$ 时，λC_i 大者为优先改进对象。

3. 复杂的功能区域

复杂的功能区域说明其功能是通过采用很多零件来实现的。一般来讲，复杂的功能区域其价值系数也较低。

第四节　价值工程的方案评价与提案

一、方案创新目的和原则

功能评价明确了 VE 对象及其目标成本，回答了"它的成本是多少""它的价值是多少"等问题。方案创新则是构思创造新方案，通过对过去的经验和知识的分解和结合，使之实现新的功能，使产品在保证必要功能的前提下成本达到最低的途径，来回答"有无其他方法实现这个功能"。因此，在方案创新过程中，要充分发挥价值工程人员的创造能力，尽可能多地提出改进设想和构思设计，从中选择最佳方案。

方案创新的基本原则是：（一）不受时间、空间的限制，从长远着想，吸收先进技术和工艺；（二）不受任何权威限制，广开思路，发挥创造性；（三）不受原有产品和设备限制，大胆革新，促进产品更新换代；（四）不受现代技术和材料限制，大胆开发；（五）力求彻底改革，注意上级功能。

方案创新要充分发挥人的创造能力，发挥所有价值工程工作人员的主观能动性，积极思考，勇于创新，将理论与实际结合起来，构思更加合理的新方案。

二、方案创新与改进的方法

价值工程活动成功的关键在于针对产品存在的问题提出解决方案，以完成产品的改进。方案创新是以提高对象功能价值为出发点，根据已建立的功能流程图和功能目标成本，运用创造性思维方法，加工已获得的资料，创造出实用效果好、经济效益高的方案，同时还要具备创新精神和创新能力。常用方案创新法如下。

（一）头脑风暴法（BS 法）

头脑风暴（Brain Storming）法为美国 BBDO 广告公司于 1947 年首创，原意为提案人不要受到任何限制，打破常规，自由思考，努力捕捉瞬时灵感，构思新方案。

这种方法是以开小组会的方式进行的，具体做法是事先通知议题，开会时要求应邀参加会议的各方面专业人员在会上自由思考，提出不同方案，但不评价他人方案，并且在提出的建议方案基础上进行改进，提出新方案。会议应遵守以下规则：1.每人提出自己的意见，不评价他人的看法；2.真正敞开思想，自由发表设想；3.不迷信权威，尽可能多地提出方案；4.善于取长补短，可以在结合和改善别人意见的基础上提出自己的见解。

应按照上述规则，给与会者创造一个宁静、温馨的环境，努力引发与会者的"灵机一动"，提出高质量的提案，并以此为基础，归纳出有价值的内容。会议时间不宜过长，一般约一个小时。根据国外经验，采用 BS 法提方案，比同样的人数单独提方案效率将高出 65% ~ 90%。

（二）模糊目标法（Gordon 法）

模糊目标法在 20 世纪 60 年代由美国人哥顿（Gordon）提出，所以又称哥顿法。其特点是与会人员会前不知道议题，在开会讨论时也只是抽象地讨论，不接触具体实质性问题，以免束缚与会人员思想。待讨论到一定程度以后才把要研究的对象提出来进一步研究。由于面对抽象的概念，使得思考的范围较大，解决的方法也较多，主持人可以用各种类比的方法加以引导，待时机成熟时，再提出要解决的问题，往往可以收到较好的效果。例如，要在玻璃板上打一个直径为 1.0 mm 的圆孔，采用哥顿法解决。主持人首先提出如何在板状物上打孔的问题，与会者根据要在板状物上打孔这一功能，广泛地思考，提出了冲、钻、挖、凿、高温熔孔等方法。针对提案者提出的实现在板状物上打孔这一功能的各种方法，主持人再具体指出是在玻璃板上打一个直径只有 1.0 mm 的圆孔，且要求孔周围应光滑。与会者认为冲、钻、挖、凿等方法都不能达到目的，而从高温熔孔得到启发，有人提出用激光打孔，圆满地解决了问题。哥顿法是一种抽象类比法，主要是抽象功能定义中的谓语部分，使参与者不受具体问题的束缚，广开思路。另外，通过分析问题，最终得出解决问题的方法。

哥顿法与头脑风暴法的不同之处在于允许参与者相互讨论，共同创新。一般情况下，会议时间较长，所提出的方案也不多，但是总会找到一个较圆满地解决问题的方案。

（三）专家函询法

专家函询法又称德尔菲（Delphi）法，是美国著名的咨询机构兰德公司率先采用的。德尔菲是古希腊阿波罗神殿所在地，传说阿波罗神经常派遣机构使者到各地去搜集聪明人的意见，用以预卜未来，故以德尔菲命名。

这种方法不采用开会的形式，而是由主管人员或者部门把已构思方案以信函的方式分发给有关专业人员，征询他们的意见，然后将意见汇总、统计和整理之后再分发下去，希望再次进行补充与修改。如此反复若干次之后，把原来比较分散的意见整合成内容较为一致的集体结论，作为新的代替方案。这种方法的优点在于专家间彼此不见面，研究问题时间充裕，没有顾虑，不受约束，可以从多角度提出意见和方案；缺点是花费时间较长，缺乏面对面的交谈和商议。

德尔菲法有以下三个特点。

1.匿名性

参加提方案的专家互不了解，并且不知道各自提了哪些方案，避免了意见容易受权威左右，出现"随大流"的情况。另外，专家们可在前一轮提案的基础上修改自己的意见，不需做出公开说明，无损自己的威望。

2.反复修改，逐步集中

专家们所提出方案经组织者汇总再返寄给专家，在一定的层次高度再征询专家的意见，这种带有反馈的信息闭环系统能够使专家所提方案越来越集中，越来越具有针对性。专家们通晓所提方案的全部情况，也有利于开拓他们的思路。

3.预测结果的统计特性

对反馈回来的方案进行统计处理是德尔菲法的重要特点。

方案创新的方法有很多，但总的精神是要充分发挥有关人员的智慧，集思广益，多提方案，从而为评价方案创造条件。

（四）检查提问法

人们在泛泛思考时往往会觉得无从下手，难以提出好的方案来。为解决这个问题，可以将过去的经验总结归纳出富有启发性的提问要点，把应考虑的问题列出来，使人们在检查各种提问的同时引起联想，产生新设想，提出改进方案。此方法笼统地可归纳为三个"能不能"：1. VE 对象能不能取消；2. VE 对象能不能与其他对象合并；③能不能用其他更好的方法取代。

具体地，检查提问法的内容包括：1. 将原有方案稍加改变，能否有新的功能或用途？2. 以前有无类似产品？可否借鉴别的方案和经验？有无可参照、模仿的价值？ 3. 可否改变一些外在的内容？如声音、颜色、形状、味道、式样等。4. 能否扩大或增加一些内容？如强度、长度、刚度、时间、次数等。5. 能否缩小或减少一些东西？如压缩、变薄、降低、缩短、减轻、消除等。6. 能否代用？如用其他的材料、原件、工艺、动力等；7. 能否代换？如换原件、换型号、改变结构、改变顺序、改变布局、改变速度等。8. 能否倒换？如正反、上下、里外、前后等。9. 能否组合？如目标组合、部件组合、方案组合等。

检查提问表的具体内容是结合工作内容特点，根据各自经验提出来的，不同企业、不同专业的工作可根据所选择对象特点，应用不同的检查提问表列出检查要点，以利于提案人员构思方案。

除上述几种创新方案的方法之外，还有输入输出法、类比法、"635"法、仿生类法、列举法等方法，可针对不同的对象和专业特点适当采用。

三、方案评价与选择的方法

方案评价可分为概略评价和详细评价两个阶段。概略评价是对创造出的方案从技术、经济和社会三个方面进行初步研究，其目的在于从众多方案中进行初步筛选，选中优秀方案，为详细评价做准备；详细评价是在掌握大量数据资料的基础上，对概略评价获得的少数方案进行详尽的技术评价、经济评价与综合评价，为提案的编写和审批提供依据。

技术评价是对方案功能的必要性、必要程度以及实施的可能性进行分析评价；经济评价是对方案实施所带来的经济效果进行分析；社会评价是对方案给国家和社会所带来的影响进行分析评价。

一般来讲，先做技术评价，然后做经济评价与社会评价，再做综合评价。其中，经济评价是最主要的部分。方案评价的构成如图 5-6 所示。

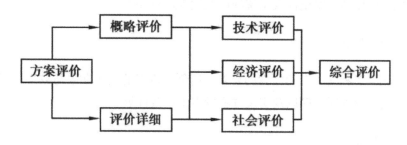

图 5-6　方案评价内容构成图

（一）概略评价

概略评价是对方案创造阶段提出的各个方案设想进行进一步评价，目的是淘汰那些劣势明显的方案，筛选出少数几个价值较高的方案，以供详细评价时做进一步分析。概略评价的内容包括以下几个方面。

1.技术可行性方面

应分析和研究所创造的方案能否满足所要求的功能，以及其本身在技术上能否实现。

2.经济可行性方面

应分析和研究产品成本能否降低和降低的幅度，以及实现目标成本的可能性。

3.社会评价方面

应分析和研究所创造方案对社会带来影响的大小。

4.综合评价方面

应分析和研究所创造方案能否使价值工程活动对象的功能和价值有所提高。

（二）详细评价

详细评价是在掌握大量数据资料的基础上，对通过概略评价的少数方案，从技术、经济、社会三个方面进行详细的评价分析，为提案的编写和审批提供依据。详细评价的内容包括以下几个方面。

1.技术可行性方面

主要以用户需要的功能为依据，对所创造方案的必要功能条件实现程度做出分析评价。特别是对产品或零部件，一般要对功能的实现程度（包括性能、质量、寿命等）、可靠性、维修性、操作性、安全性及系统的协调性等进行评价。

2.经济可行性方面

主要考虑成本、利润、企业经营的要求，所创造方案的适用期限与数量，实施方案所需费用、节约额与投资回收期以及实现方案所需生产条件等。

3.社会评价方面

主要研究和分析所创造的方案给国家和社会带来的影响（如环境污染、生态平衡、国民经济效益等）。

4. 综合评价方面

是在上述三种评价的基础上，对整个所创造方案的诸因素做出全面系统评价。为此，首先要明确规定评价项目，即确定评价所需的各种指标和因素；然后分析各方案对每一评价项目的满足程度；最后再根据方案对各评价项目的满足程度来权衡利弊，判断各方案的总体价值，从而选出总体价值最大的方案，即技术上先进、经济上合理和对社会有利的最优方案。

（三）方案综合评价的方法

用于方案综合评价的方法有很多，常用的定性方法有优缺点列举法、德尔菲法；常用的定量分析法有比较价值评分法、直接评分法、环比评分法、几何平均值评分法、强制评分法等。

1. 优缺点列举法

详细地列出每一个方案在技术上、经济上的优缺点后进行综合分析，并对优缺点做进一步调查，用淘汰法逐步缩小考虑范围，在范围不断缩小的过程中找出最后结论。

2. 直接评分法

根据各种方案能够达到各项功能要求的程度，按 10 分制（或 100 分制）进行评分，然后计算出每个方案达到功能要求的总分，比较各方案总分，做出采纳、保留、舍弃的决定，再对采纳、保留的方案进行成本比较，最后确定最优方案。

3. 加权评分法

加权评分法又称矩阵评分法，这种方法是将功能、成本等各种因素根据不同要求进行加权计算（权数大小应根据它在产品中所处的地位而定），算出综合分数，最后与各方案寿命周期成本做综合分析，选择最优方案。加权评分法主要包括以下步骤。

（1）确定评价项目及其权重系数。
（2）确定各方案对各评价项目的满足程度评分。
（3）计算各方案的评分权数之和。
（4）计算各方案的价值系数，以较大的为优。

第五节 价值工程的活动成果评价

在方案实施过程中，应该对方案的实施情况进行细致检查，发现问题应及时解决。在方案实施后，还要进行总结评价和验收。

一、企业经济效益评价

企业经济效益评价可以根据需要计算方案实施后劳动生产率、能源消耗、材料消耗、资金利用、设备利用、产量品种发展、利润、市场占有率等指标值。此外，需要进行以下经济效益指标的计算。其表达式为

全年净节约额 =（改进前成本 − 改进后成本）× 年产量 − 价值工程活动费用的年度分摊额

$$（5-13）$$

节约百分比 =[（改进前成本 − 改进后成本）/ 价值工程活动经费]×100%

$$（5-14）$$

节约倍数 =（全年净节约额 / 价值工程活动经费 ）×100%

$$（5-15）$$

价值工程活动单位时间节约数 = 全年净节约额 / 价值工程活动延续时间

$$（5-16）$$

二、社会效果评价

方案实施的社会效果评价包括是否填补国内外科学技术或者产品品种的空白，是否满足国家经济发展或者国防建设的重点需要，是否降低了贵重稀缺物资材料耗费，是否降低了能源消耗，是否降低了用户购买成本或其他使用成本，以及是否防止或减少了污染公害等。

下面以价值工程在矿灯更新应用中的更新前后技术经济指标对比图（表5-4）为例进行说明。更新前为 WS-1，更新后为 WS-2。

表 5-4 矿灯更新前后技术经济指标对比表

序号	技术经济指标	单位	WS-2 矿灯	WS-1 矿灯	比较
1	额定电压	V	4	4	相同

序号	技术经济指标	单位	WS-2矿灯	WS-1矿灯	比较
2	额定容量	V·h	7	8	小
3	点灯时间	h	11	11	相同
4	矿灯照度点灯开始	lx	400	400	相同
5	点灯11h后	lx	200	200	相同
6	灯泡（电压）	V	4	4	相同
7	灯泡（电流）	A	0.6	0.7	小
8	灯泡（光通量）	Lm	24～26	22	提高9%～18%
9	充放寿命	次	500	500	相同
10	存放期	年	1	1	相同
11	重量	kg	1.5	2.25	下降1/3
12	成本	元	23.18	38.686	下降40.1%
13	售价	元	50	60	下降16.6%

如以年产量50万只、VE活动费为780136元计算，更新后产品在经济、物资上的节约数值见表5-5。

表5-5　更新后产品在经济、物资上的节约数值

序号	经济、物资节约内容	节约数值
1	全年净节约额/元	6972864
2	节约百分数/%	40.1
3	节约倍数/倍	8.938
4	全年节省耐酸不锈钢/t	34.34
5	全年节省A3钢/t	38.95
6	全年节省橡胶/t	242.2
7	全年节省硫酸/kg	6697
8	全年节省铅/kg	8200
9	全年节省电/（kW·h）	66000
10	全年吨千米运输费节约/%	30
11	全年因销售价下降节省用户成本/元	5000000

第六章　工程项目财务评价

第一节　工程项目财务评价概述

一、财务评价的概念

工程项目财务评价又称为财务分析，是在国家现行财税制度和价格体系的前提下，从项目的角度出发，估算项目范围内的财务效益和费用，编制财务报表，计算财务评价指标，考察和分析项目财务盈利能力、偿债能力和财务生存能力，判别项目的财务可行性，明确项目对财务主体的价值以及对投资者的贡献，为投资决策提供科学依据。

二、财务评价的内容和步骤

（一）财务评价的基本内容

财务评价主要是利用有关基础数据，通过财务评价报表，计算财务指标，进行财务分析和评价。基本内容如下。

1. 在明确项目评价范围的基础上，根据项目性质和融资方式选取适当的方法。

2. 选取必要的基础数据进行财务效益与费用的估算，包括营业收入、成本费用估算和相关税金估算等，同时编制相关辅助报表，为财务评价做准备。

3. 进行财务评价，即编制财务评价报表和计算财务评价指标，进行盈利能力分析、偿债能力分析和财务生存能力分析。对非经营性项目，主要进行财务生存能力分析。

4. 财务评价后还应进行不确定性分析，包括盈亏平衡分析和敏感性分析。

（二）财务评价的步骤

财务评价包括融资前分析和融资后分析两个层次，一般先进行融资前分析，在融资前分析结论满足要求的情况下，初步设定融资方案，再进行融资后分析，各步骤之间的关系如图 6-1 所示。

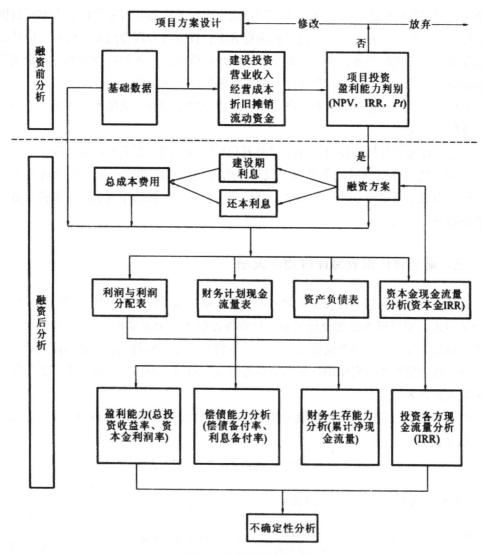

图 6-1　财务评价的步骤

　　融资前分析以动态分析为主、静态分析为辅。融资前动态分析应以营业收入、建设投资、经营成本和流动资金的估算为基础，考察整个计算期内现金流入和现金流出，编制项目投资现金流量表，利用资金时间价值的原理进行折现，计算项目投资内部收益率、净现值、投资回收期等指标。融资前分析排除了融资方案变化的影响，从项目投资总获利能力的角度，去考察项目方案设计的合理性。融资前分析计算的相关指标若达不到预期要求，需要修改项目设计方案或者放弃该项目。

　　融资后分析应以融资前分析和初步的融资方案为基础，考虑资金成本的影响，编制相关的财务报表（财务计划现金流量表、利润与利润分配表、资产负债表、资本金现金流量表等），分析项目盈利能力、偿债能力和财务生存能力。

　　盈利能力分析包括两个层次：项目资本金现金流量分析，应在拟订的融资方案下，从项目资本金出资者整体的角度，确定其现金流入和现金流出，编制项目资本金流量表，利用资金时间价值的原理进行折现，计算项目资本金财务内部收益率指标，考察项目资本金可获得的收益水平，并进一步优化项目融资方案；投资各方现金流量表分析，应从投资各方实际收入和支出的角度，确定其现金流入和现金流出，分别编制投资各方现金流量表，计算投资各方的财务内部收益率指标，考察投资各方可能获得的收益水平。

偿债能力分析，通过计算利息备付率、偿债备付率和资产负债率等指标，分析判断财务主体的偿债能力。

财务生存能力分析，在财务分析辅助表和利润与利润分配表的基础上编制财务计划现金流量表，通过考察项目计算期内的投资、融资和经营活动所产生的各项现金流入和流出，计算净现金流量和累计盈余资金，分析项目是否有足够的净现金流量维持正常运营，以实现财务可持续性。

三、财务评价报表与评价指标关系

财务评价报表有基本报表和辅助报表两类。基本报表包括项目现金流量表（项目投资现金流量表、项目资本金现金流量表、投资各方财务现金流量表）、利润和利润分配表、财务计划现金流量表、资产负债表和借款还本付息表等。辅助报表包括固定资产投资估算表、流动资金估算表投资使用计划与资金筹措表、总成本费用表、固定资产折旧估算表、销售收入估算表等。

财务评价中盈利能力、偿债能力和生存能力分别由不同的评价指标来反映，它们之间的关系见表 6-1。

表 6-1　财务分析内容与评价指标

财务分析内容		基本报表	评价指标	
			静态指标	动态指标
融资前分析	盈利能力分析	项目投资现金流量表	静态投资回收期	财务内部收益率财务净现值动态投资回收期
融资后分析	盈利能力分析	资本金现金流量表	资本金静态投资回收期	资本金财务内部收益率资本金财务净现值资本金动态投资回收期
		投资各方现金流量表		投资各方财务内部收益率
		利润与利润分配表	总投资收益率资本金净利润率	
	偿债能力分析	借款还本付息计算表	利息备付率偿债备付率借款偿还期	
		资产负债表	资产负债率	
	生存能力分析	财务计划现金流量表	各年净现金流量各年累计盈余资金	

第二节 财务盈利能力分析

一、融资前分析

融资前分析是针对项目基本方案进行的现金流量分析（即项目投资现金流量分析），是在不考虑债务融资的前提下，从项目投资总获利能力的角度去考察项目方案设计的合理性，因此只进行盈利能力分析，可从所得税前和所得税后两个角度进行考察，以动态分析为主、静态分析为辅。

表6-2 项目投资现金流量表

（单位：万元）

序号	项目	合计	计算期					
			1	2	3	4		n
1	现金流入							
1.1	营业收入							
1.2	补贴收入							
1.3	回收固定资产余值							
1.4	回收流动资金							
2	现金流出							
2.1	建设投资							
2.2	流动资金							
2.3	经营成本							
2.4	营业税金及附加							
2.5	维持运营投资							
3	所得税前净现金流量（1-2）							
4	累计所得税前净现金流量							
5	调整所得税							
6	所得税后净现金流量（3-5）							
7	累计所得税后净现金流量							

（一）项目投资现金流量识别与报表编制

项目投资现金流量表如表 6-2 所示，该表不分资金来源，以全部投资为基础，用以计算财务内部收益率、财务净现值及投资回收期等评价指标，考察项目全部投资的盈利能力。

1.现金流入为营业收入、补贴收入、回收固定资产余值、回收流动资金四项之和。其中，产品营业收入来自"营业收入、营业税金及附加和增值税估算表"；固定资产余值为"固定资产折旧费估算表"中计算期末固定资产净值；流动资金回收额为项目全部流动资金。回收固定资产余值和流动资金均在计算期最后一年。

2.现金流出主要包括建设投资、流动资金、经营成本、营业税金及附加，如果运营期内需要发生设备或设施的更新费用（记作维持运营投资），也应作为现金流出。其中，建设投资来源于"建设投资估算表"，包含固定资产投资方向调节税，但不含建设期利息；流动资金取自"流动资金估算表"中各年流动资金当期增加额；营业税金及附加来自"营业收入、营业税金及附加和增值税估算表"。

为了体现与融资方案无关的要求，各项现金流量的估算中都需要剔除利息的影响。例如，采用不含利息的经营成本作为现金流出，而不是总成本费用；在流动资金估算、经营成本中的修理费和其他费用估算过程中应注意避免利息的影响等。

3.项目计算期各年的净现金流量为各年现金流入量与现金流出量之差，各年累计净现金流量为本年及以前各年净现金流量之和。

4.表中"调整所得税"应根据息税前利润（EBIT）乘以所得税率计算。原则上，息税前利润的计算应完全不受融资方案变动的影响，即不受利息多少的影响，包括建设期利息对折旧的影响（因为折旧的变化会对利润总额产生影响，进而影响息税前利润）。但如此将会出现两个折旧和两个息税前利润（用于计算融资前所得税的息税前利润和利润表中的息税前利润）。为简化起见，当建设期利息占总投资比例不是很大时，也可按利润表中的息税前利润计算调整所得税。

所得税前和所得税后分析的现金流入全相同，但现金流出略有不同，所得税前分析不将所得税作为现金流出，所得税后分析视所得税为现金流出。

融资前分析编制的项目投资现金流量与融资条件无关，依赖数据少，报表编制简单，但其分析结论可满足方案比选和初步投资决策的需要。如果分析结果表明项目效益符合要求，再考虑融资方案，继续进行融资后分析；如果分析结果表明项目效益不能满足要求，可以通过修改方案，设计、完善项目方案，必要时甚至可据此做出放弃项目的建议。

（二）项目投资现金流量分析的指标

融资前盈利能力分析应以动态分析为主、静态分析为辅。动态分析是计算项目投资财务内部收益率和财务净现值，以及动态投资回收期。静态分析是指计算静态投资回收期指标，用以反映收回项目投资所需要的时间。

二、融资后分析

融资后盈利能力分析是指以设定的融资方案为基础，考察项目在具体融资条件下，资本金和投资各方的盈利能力。盈利能力分析宜先进行融资前分析，在融资前分析结论满足要求的情况下，初步设定融资方案，再进行融资后分析。融资后分析用于比选融资方案，帮助投资者做出融资决策。融资后的盈利能力分析包括动态分析和静态分析。

（一）动态分析

动态分析是通过编制财务现金流量表，考虑资金的时间价值，计算财务内部收益率和财务净现值等指标，分析项目的盈利能力。融资后的动态分析可以分为项目资本金现金流量分析和投资各方现金流量分析。

1.项目资本金现金流量分析

项目资本金现金流量分析是从项目权益投资者整体的角度，考察项目给项目权益投资者带来的收益水平。它是在拟订的融资方案的基础上进行的息税后分析，可以判断项目方案在融资方案条件下的合理性，因此可以说，项目资本金现金流量分析结果是融资决策的重要依据，有助于投资者在其可接受的融资方案下最终做出投资决策。

（一）项目资本金现金流量识别与报表编制。项目资本金现金流量分析需要编制项目资本金现金流量表，其格式见表6-3。

①本表中现金流入各项与"项目投资现金流量表"（表6-2）完全相同。

②从项目投资主体的角度看，投资借款是现金流入，但同时借款用于项目投资，二者相抵，对净现金流量无影响，故表中投资只有项目资本金。由于现金流入是项目全部投资所得，所以必须将借款本金偿还及借款利息支付计入现金流出。

表6-3 项目资本金现金流量表

（单位：万元）

序号	项目	合计	计算期					
			1	2	3	4		n
1	现金流入							
1.1	营业收入							
1.2	补贴收入							
1.3	回收固定资产余值							
1.4	回收流动资金							
2	现金流出							
2.1	项目资本金							

续表

序号	项目	合计	计算期					
			1	2	3	4		n
2.2	借款本金偿还							
2.3	借款利息支付							
2.4	经营成本							
2.5	营业税金及附加							
2.6	所得税							
2.7	维持运营投资							
3	净现金流量（1-2）							

2. 投资各方现金流量分析

一般情况下，投资各方按股本比例分配利润和分担亏损及风险，投资各方的收益率是相同的，没有必要计算投资各方的财务内部收益率。在按契约式合资合作建设项目的情况下，投资各方不按股本比例进行分配，或者虽按股权式合资合作建设项目，但存在股权之外的不对等收益时，投资各方的收益率才会有差异，此时常常需要计算投资各方的内部收益率，反映投资各方的收益水平。根据投资各方的内部收益率可以判断各方收益是否均衡，或者其非均衡程度是否在一个合理的范围内，这有助于促成投资各方在合作、合资谈判中达成平等互利的协议。

投资各方财务现金流量表见表6-4，分别以投资各方的出资额作为计算基础，编制各方的财务现金流量表，分别反映投资各方投资的盈利能力。

表6-4 投资各方现金流量表

（单位：万元）

序号	项目	合计	计算期					
			1	2	3	4		n
1	现金流入							
1.1	实分利润							
1.2	资产处置收益分配							
1.3	租赁费收入							
1.4	技术转让或使用收入							
1.5	其他现金流入							
2	现金流出							
2.1	实缴资本							

续表

序号	项目	合计	计算期				
			1	2	3	4	n
2.2	租赁资产支出						
2.3	其他现金流出						
3	净现金流量（1–2）						

（二）静态分析

静态分析是指不采取折现方式处理数据，主要依据利润与利润分配表计算总投资利润率和项目资本金利润等静态指标，也可以借助前面的现金流量表计算静态投资回收期指标。

l. 利润与利润分配表

利润与利润分配表是反映项目计算期内各年的利润总额、所得税及税后利润的分配情况，用以计算 ROI 和 ROE 等静态财务分析指标的表格。

2. 利润与利润分配表的编制

（1）利润总额

利润总额是项目在一定时期内实现的盈亏总额，即营业收入扣除销售税金及附加和总成本费用之后的数额。

（2）项目亏损及亏损弥补的处理

项目在上一年度发生亏损，可用当年获得的所得税前利润弥补；当年所得税前利润不足弥补的，可在 5 年内用所得税前利润延续弥补；延续 5 年未弥补的亏损，用缴纳所得税后的利润弥补。

（3）所得税

利润总额按照现行财务制度规定进行调整（如弥补上年的亏损）后，作为计算应缴所得税的基数，再乘以所得税税率。

（4）所得税后利润分配

缴纳所得税税后的利润，即净利润，连同上年未分配利润，构成了本期可供分配的利润。按照下列顺序分配。

①提取法定盈余公积金。法定盈余公积金按当年所得税后净利润的 10% 计提，累计额达到项目法人注册资本的 50% 以上可不再提取。

②应付优先股股利。

③提取任意盈余公积金。除按照法律、法规规定提取法定盈余公积金之外，企业按照公司章程规定或投资者决议，还可以提取任意盈余公积金，提取比例由企业自行决定。

④向各投资方分配利润。分配比例往往依据投资者签订的协议或公司的章程规定。项目当年无盈利，不得向投资者分配利润，企业上年度未分配的利润，可以并入当年向投资者分配。

⑤未分配利润。未分配利润计算如下式

未分配利润＝可供投资者分配的利润－应付优先利－任意盈余公积金－应付普通股股利－各投资方利润分配额

$$（6-1）$$

（5）息税前利润

息税前利润（$EBIT$）是指扣除当年利息和所得税的利润额，等于当年利润总额和当年应付利息之和。

$$EBIT ＝利润总额＋利息支出$$

$$（6-2）$$

（6）息税折旧摊销前利润

息税折旧摊销前利润（$EBITDA$）是指扣除当年利息、所得税、折旧费和摊销费之前的利润，等于息税前利润加上折旧费和摊销费。

$$EBITDA ＝ EBIT ＋折旧费＋摊销费$$

$$（6-3）$$

表6-5　利润与利润分配表

（单位：万元）

序号	项目	合计	计算期					
			1	2	3	4		n
1	营业收入							
2	营业税金及附加							
3	总成本费用							
4	补贴收入							
5	利润总额 (1-2-3+4)							
6	弥补以前年度亏损							
7	应纳税所得额（5-6）							
8	所得税							
9	净利润（5-8）							
10	期初未分配利润							

续表

序号	项目	合计	计算期					
			1	2	3	4		n
11	可供分配的利润（9+10）							
12	提取法定盈余公积金							
13	可供投资者分配的利润（11-12）							
14	应付优先股股利							
15	提取任意盈余公积金							
16	应付普通股股利（13-14-15）							
17	各投资方利润分配：							
	其中：××方							
	××方							
18	未分配利润（13-14-15-17）							
19	息税前利润（利润总额＋利息支出）							
20	息税折旧摊销前利润 （息税前利润＋折旧＋摊销）							

三、反映项目盈利能力的指标

按照是否考虑资金的时间价值，反映盈利能力分析的指标分为静态指标和动态指标。

（一）静态指标

静态指标是指不考虑资金时间价值因素的影响而计算的盈利能力指标，依据利润与利润分配表和现金流量表中的有关数据计算，主要有总投资收益率、项目资本金净利润率和项目静态投资回收期。

（二）动态指标

动态指标是指考虑资金时间价值因素的影响而计算的盈利能力指标，需要根据三个层次的现金流量表（项目投资现金流量表、项目资本金现金流量表、投资各方现金流量表）计算，主要有投资财务内部收益率、财务净现值、项目资本金财务内部收益率、投资各方财务内部收益率及项目动态投资回收期。

第三节 偿债能力分析

对筹措了债务资金的项目，偿债能力考察项目对偿还到期债务的承受能力或保证程度。偿债能力是反映企业财务状况和经营能力的重要标志。进行偿债能力分析，需要编制借款还本付息计划表、资产负债表，同时借助利润与利润分配表，通过计算利息备付率、偿债备付率和资产负债率等指标，分析、判断财务主体的偿债能力。

一、借款还本付息计划表

（一）借款还本付息计划表编制

借款还本付息计划表是反映借款偿还期内借款支用和还本付息的情况，用以计算利息备付率和偿债备付率等指标，进行偿债能力分析，其格式如表6-6所示。

表6-6 借款还本付息计划表

（单位：万元）

序号	项目	合计	计算期					
			1	2	3	4		n
1	借款1							
1.1	期初借款余额							
1.2	当期还本付息							
	其中:还本							
	付息							
1.3	期末借款余额							
2	借款2							
2.1	期初借款余额							
2.2	当期还本付息							
	其中:还本							

续表

序号	项目	合计	计算期					
			1	2	3	4		n
	付息							
2.3	期末借款余额							
3	债券							
3.1	期初债务余额							
3.2	当期还本付息							
	其中：还本							
	付息							
3.3	期末债务余额							
4	借款和债券合计							
4.1	期初余额							
4.2	当期还本付息							
	其中：还本							
	付息							
4.3	期末余额							
计算指标：	利息备付率（%）							
	偿债备付率（%）							

（二）还款方式及还本付息额的计算

借款还本付息计划表应根据与债权人商定的债务资金条件和方式确定还款方式，有以下四种还款方式。

1. 等额利息法

每期付相同的利息，不还本金，最后一期全部还清。

2.等额本金法

每期偿还相等的本金和相应的利息。

3.等额偿还法

每期偿还相等的本利额。

4.气球法

任意偿还本利，有时也称尽最大能力偿还法，到期全部还清。

二、资产负债表

资产负债表如表 6-7 所示，反映项目计算期内各年年末资产、负债和所有者权益的增减变化及对应关系，通过考察项目资产、负债、所有者权益的结构是否合理，计算资产负债率、流动比率及速动比率，进行偿债能力分析。

表 6-7　资产负债表

（单位：万元）

序号	项目	合计	计算期					
			1	2	3	4		n
1	资产							
1.1	流动资产总额							
1.1.1	货币资金							
1.1.2	应收账款							
1.1.3	预付账款							
1.1.4	存货							
1.1.5	其他							
1.2	在建工程							
1.3	固定资产净值							
1.4	无形及其他资产净值							
2	负债及所有者权益（2.4+2.5）							
2.1	流动负债总额							

续表

序号	项目	合计	计算期					
			1	2	3	4		n
2.1.1	短期借款							
2.1.2	应付账款							
2.1.3	预收账款							
2.1.4	其他							
2.2	建设投资借款							
2.3	流动资金借款							
2.4	负债小计（2.1+2.2+2.3）							
2.5	所有者权益							
2.5.1	资本金							
2.5.2	资本公积金							
2.5.3	累计盈余公积金							
2.5.4	累计未分配利润							
计算指标：资产负债率（％）								

（一）资产由流动资产、在建工程、固定资产净值、无形及其他资产净值四项组成

流动资产来自"流动资金估算表"；固定资产净值和无形及其他资产净值取自"固定资产折旧费估算表"和"无形及其他资产摊销估算表"。

（二）负债包括流动负债和长期负债

流动负债中的应付账款数据可由"流动资金估算表"直接取得。流动资金借款和其他短期借款两项流动负债及长期借款均指借款余额，需根据"资金来源与运用表"中的对应项及相应的本金偿还项进行计算。

（三）所有者权益包括资本金、资本公积金、累计盈余公积金及累计未分配利润

其中，累计未分配利润可直接得自"利润及利润分配表"；累计盈余公积金也可由"利润及利润分配表"中盈余公积金项计算各年份的累计值，但应根据有无用盈余公积金弥补

亏损或转增资本金的情况进行相应调整。资本金为项目投资中累计自有资金（扣除资本溢价），当存在有资本公积金或盈余公积金转增资本金的情况时应进行相应调整。资本公积金为累计资本溢价及赠款，转增资本金时进行相应调整。

（四）资产负债表应满足等式

资产 = 负债 + 所有者权益

$$（6-4）$$

第四节　财务生存能力分析

财务生存能力分析也称资金平衡分析，旨在分析建设项目在整个计算期内的资金平衡程度，判断项目财务持续生存能力。进行财务生存能力分析，需要编制财务计划现金流量表，根据项目计算期内各年经营活动、投资活动、筹资活动所产生的现金流入和流出，计算各年的净现金流量和累计盈余资金，分析建设项目是否有足够的净现金流量维持正常运营，实现项目财务可持续。

一、财务生存能力分析报表

项目的财务生存能力通过财务计划现金流量中经营净现金流量和各年累计盈余资金具体判断。财务计划现金流量表格式见表6-8。

表6-8　财务计划现金流量表

（单位：万元）

序号	项目	合计	计算期					
			1	2	3	4		n
1	经营活动净现金流量（1.1-1.2）							
1.1	现金流入							
1.1.1	营业收入							
1.1.2	增值税销项税额							
1.1.3	补贴收入							
1.1.4	其他流入							
1.2	现金流出							

续表

序号	项目	合计	计算期					
			1	2	3	4		n
1.2.1	经营成本							
1.2.2	增值税进项税额							
1.2.3	营业税金及附加							
1.2.4	增值税							
1.2.5	所得税							
1.2.6	其他流出							
2	投资活动净现金流量（2.1-2.2）							
2.1	现金流入							
2.2	现金流出							
2.2.1	建设投资							
2.2.2	维持运营投资							
2.2.3	流动资金							
2.2.4	其他流出							
3	筹资活动净现金流量（3.1-3.2）							
3.1	现金流入							
3.1.1	项目资本金流入							
3.1.2	建设投资借款							
3.1.3	流动资金借款							
3.1.4	债券							
3.1.5	短期借款							
3.1.6	其他流入							
3.2	现金流出							
3.2.1	各种利息支出							
3.2.2	偿还债务本金							

续表

序号	项目	合计	计算期					
			1	2	3	4		n
3.2.3	应付利润（股利分配）							
3.2.4	其他流出							
4	净现金流量（1+2+3）							
5	累计盈余资金							

二、财务生存能力分析

财务生存能力分析应结合偿债能力分析进行，项目的财务生存能力分析可通过以下两个方面考察。

（一）分析是否有足够的净现金流量维持正常运营

1. 在项目运营期间，只有能够从各项经济活动中得到足够的净现金流量，项目才能持续生存。财务生存能力分析中应根据财务计划现金流量表，考察项目计算期内各年的投资活动、融资活动和经营活动所产生的现金流入和流出，计算净现金流量和累计盈余资金，分析项目是否有足够的净现金流量维持正常运营。

2. 拥有足够的经营净现金流量是财务可持续的基本条件。一个项目具有较大的经营净现金流量，说明项目方案比较合理，实现自身资金平衡的可能性大，不会过分依赖短期融资来维持运营；反之，一个项目不能产生足够的经营净现金流量，或经营净现金流量为负值，说明维持项目正常运行会遇到财务上的困难，项目方案缺乏合理性，有可能要靠短期融资来维持运营；而非经营项目如本身无能力实现自身资金平衡，提示要靠政府补贴。

3. 通常因运营前期的还本付息负担较重，故应特别注重运营前期的财务生存能力分析。如果拟安排的还款期过短，致使还本付息负担过重，导致为维持资金平衡必须筹借的短期借款过多，可以设法调整还款期，甚至寻求更有利的融资方案，减轻各年还款负担，所以财务生存能力分析应结合偿债能力分析进行。

（二）各年累计盈余资金不出现负值是财务生存的必要条件

在整个运营期间，允许个别年份的净现金流量出现负值，但不能容许任一年份的累计盈余资金出现负值。一旦出现负值，应适时进行短期融资。较大的或较频繁的短期融资，有可能导致以后的累计盈余资金无法实现正值，致使项目难以持续运营。

第七章　国民经济评价

第一节　国民经济评价概述

一、国民经济评价定义和作用

国民经济评价是在资源合理配置和社会经济可持续发展前提下，从国家经济整体利益的角度出发，用影子价格、影子汇率和社会折现率等经济参数分析、计算项目对国民经济带来的贡献，评价项目在宏观经济上的合理性。

国民经济评价是针对项目所进行的宏观效益分析，其主要目的是实现社会资源的优化配置和有效利用，保证国民经济能够可持续地稳定发展。国民经济评价的作用主要体现在以下几方面。

（一）从宏观上保证国家资源的合理配置和有效利用

通过国民经济评价，可以从宏观上引导国家对有限的资源进行合理配置，鼓励和促进那些对国民经济有正面影响的项目的发展，而相应抑制和淘汰那些对国民经济有负面影响的项目。

（二）真实反映项目对社会经济的净贡献

财务评价主要是从投资人（企业）角度考察项目的经济效果，但企业与国家利益不总完全一致，项目的财务盈利性可能难以全面、正确地反映项目的经济合理性，项目国民经济评价可以正确反映项目的经济效果和对社会福利的贡献。

（三）国家对项目审批或核准的重要依据

国家对项目审批和核准的重点放在项目的外部效果、公共性方面，国民经济评价强调从资源配置经济效率的角度分析项目的外部效果，从而判断建设项目的经济合理性。所谓外部效果，是企业或个人的行为对活动以外的企业或个人造成的影响，而该影响的行为主体又没有负担相应的责任或获得应有报酬的现象。外部效果可以是积极的，也可以是消极的。通过国民经济评价，可以分析各利益相关者为项目付出的代价及获得的收益，为国家审批或核准项目提供依据，使投资决策科学化。

二、国民经济评价的范围和内容

在市场经济足够发达的条件下，依赖市场调节的行业项目，政府不必参与具体的项目决策，而由投资者通过财务评价自行决策，项目的生存与发展，完全由市场竞争机制所决定，因此这类项目不必进行国民经济评价。但是在现行的经济体制下，有些行业不能由市场力量自行调节，需要由政府行政干预，这类行业的建设项目需要进行国民经济评价。

需要进行国民经济评价的项目主要有以下几点。

（一）国家及地方政府参与投资的项目，国家给予财政补贴或者减免税费的项目。

（二）主要的基础设施项目，包括铁路、公路、市政工程、水利电力项目。

（三）国家控制的战略性资源开发项目。

（四）涉及自然环境保护、生态环境保护的项目，动用社会资源和自然资源较多的大型外商投资项目。

（五）主要产出物和投入物的市场价格严重扭曲，不能反映资源真实值的项目等。

国民经济评价的主要工作包括识别国民经济的费用和效益、测算和选取影子价格、编制国民经济评价报表、计算国民经济评价指标并进行方案比选。

三、国民经济评价与财务评价的关系

国民经济评价和财务评价是建设项目经济评价的两个层次，它们既有联系，又有区别。

（一）两者相同点

1. 评价目的相同

国民经济评价和财务评价都是以经济效益最优为目的，寻求以最小的投入获得最大的产出的项目。

2. 评价基础相同

国民经济评价和财务评价都是在完成了产品需求预测、工程技术方案、资金筹措等可行性研究的基础上进行的，都使用基本的经济评价理论，即费用与效益比较的理论方法。

（二）两者区别

1.评价角度和基本出发点不同

财务评价是站在项目层次上，从项目的经营者、投资者、未来的债权人角度，分析项目和各方的收支和盈利状况及偿还借款能力，以确定投资项目的财务可行性。国民经济评价则是从国家和地区的层次上，从全社会的角度考察项目需要国家付出的代价和对国家的贡献，以确定投资项目的经济合理性。

2.费用、效益的划分不同

财务评价是根据项目直接发生的实际收支确定项目的效益和费用，凡是项目的货币支出都视为费用，税金、利息等也均计为费用；国民经济评价则着眼于项目所耗费的全社会有用资源与项目对社会提供的有用产品或服务的比较结果。由于项目的税金、国内借款利息和财政补贴等一般并不发生资源的实际增加和耗用，多是国民经济内部的"转付"，因此在国民经济评价中不列为项目的费用和效益。另外，国民经济评价还需要考虑间接费用和间接效益。

3.采用的价格体系不同

财务评价使用实际的市场预测价格，国民经济评价则使用影子价格，它能够反映该资源的机会成本、供求关系以及资源稀缺程度，是在全社会范围内的真实经济价值。

4.主要参数不同

财务评价采用的汇率一般选用当时的官方汇率，折现率是因行业而异的基准收益率或最低可接受收益率。国民经济评价则采用国家统一测定和颁布的影子汇率和社会折现率。

5.评价内容不同

财务评价不仅要进行盈利能力分析，还要进行清偿能力分析；而国民经济评价只做盈利能力分析，不做清偿能力分析。

（三）国民经济评价结论与财务评价结论的关系

由于财务评价和国民经济评价有所区别，虽然在很多情况下两者结论是一致的，但也有不少时候两种评价结论是不同的。下面分析同一项目分别进行财务评价和国民经济评价时，可能出现的四种情况及决策原则。

1.财务评价和国民经济评价均可行的项目，应予通过。

2.财务评价和国民经济评价均不可行的项目，应予否定。

3.财务评价不可行、国民经济评价可行的项目，应予通过。但国家和主管部门应采取相应的优惠政策，如减免税、给予补贴等，使项目在财务上也有生存能力。

4.财务评价可行、国民经济评价不可行的项目，应该否定，或者重新设计方案后再进行评价。

第二节　国民经济效益与费用的识别

正确识别项目的费用和收益是确保项目经济评价正确性和科学性的必要前提。项目的效益是指项目对国民经济所做的贡献，分为直接效益和间接效益；项目的费用是指国民经济为项目付出的代价，分为直接费用和间接费用。在国民经济评价时既要考虑项目产生的直接效益和直接费用，又要考虑间接效益和间接费用。

一、直接效益与直接费用

直接效益和直接费用可称为内部效果。直接效益是项目产出物直接生成，并在项目范围内计算的经济效益。一般表现为增加项目产出物或者服务的数量以满足国内需求的效益；替代其他相同或类似企业的产出物，使被替代企业减产或停产导致国家有用资源耗费减少的效益；增加出口或者减少进口，从而增加或者节支的外汇等。直接费用是项目使用投入物所产生并在项目范围内计算的经济费用。包括其他部门为本项目提供投入物，需要扩大生产规模所耗费的资源费用；减少对其他项目或者最终消费投入物的供应而放弃的效益；增加进口或者减少出口，从而耗用或者减少的外汇等。此外，完全为新建生产性项目服务的商业、卫生、文教等生活福利设施的投资也应计入项目直接费用，这些生活福利设施所产生的效益，可视为完全体现在项目的直接效益中，一般不必单独核算。

二、间接效益与间接费用

间接效益和间接费用可称为外部效果。间接效益是指项目对国民经济作出了贡献，但项目自身并未得益的那部分效益，比如建设一座水电站，它将产生诸如发电、防洪、供水等直接效益，同时也将带来养殖业等间接效益；而因为土地淹没导致农牧业遭受损失等引起间接费用。为了识别项目的间接效益和间接费用，可以考察以下几个方面。

（一）环境及生态影响

工程项目对自然环境和生态环境造成的污染和破坏，比如工业企业排放的"三废"对环境产生的污染，是项目的间接费用。这种间接费用要定量计算比较困难，一般可按照同类企业所造成的损失或者按恢复环境质量所需的费用来近似估算，若难以定量计算则应做定性说明。此外，某些工程项目，比如环境治理项目，对环境产生的影响是正面的，在国民经济评价中也应估算其相应的间接效益。

（二）对上、下游企业的影响

由于项目的实施往往会拉动上游企业（原材料供应或生产配套企业）发展，扩大规模，提升产能，同时也会使下游企业（使用该项目的产出物作为原材料和半成品的企业）的生产成本下降或使其闲置的生产能力得到充分利用，因此，项目的外部效果通过产业链的辐射作用，会影响到上下游企业。

（三）技术扩散效果

建设一个具有先进技术的项目，由于人才流动、技术推广和扩散等原因，整个社会都将受益，但这类间接效益通常难以识别和定量计算，因此在国民经济评价中一般只做定性说明。

（四）乘数效果

乘数效果是指由于项目的实施而使与该项目相关的产业部门的闲置资源得到有效利用，进而产生一系列的连锁反应，带动某一行业、地区或全国的经济发展所带来的外部净效益。比如当国内钢材生产能力过剩时，国家可以投资修建铁路干线，从而就需要大量钢材，这就会使钢铁厂原来闲置的生产能力得到启用，使其成本下降、效益提高。同时由于钢铁厂的生产扩大，连带使得炼铁、炼焦以及采矿等部门原来剩余的生产能力得以利用，效益增加，由此产生一系列的连锁反应。

三、转移支付

转移支付是指项目的某些财务收益和支出，只是在社会内部经济成员之间进行货币转移，并没有带来社会资源的实际增加或减少，不计入项目的国民经济效益与费用。

主要有以下几种形式。

（一）税金

税金是工程项目的费用支出，在进行财务评价时须从收入中扣除。但从国家的角度，税金作为国家财政收入的主要来源，并未增加或减少国民收入，只是企业的这笔货币转移到政府手中，是国家进行国民收入二次分配的重要手段。因此在国民经济评价中，税金只是一种转移支付，不能计为国民经济评价中的费用或效益。

（二）补贴

补贴是国家为了支持和鼓励某些项目投资而进行的货币转移，包括价格补贴、出口补贴等。补贴虽然使工程项目财务收益增加，但同时也使国家财政支出增加，实质上仍然是国民经济中不同实体间的货币转移，整个国民经济并没有发生变化。因而，补贴不作为国民经济评价中的费用或收益。

（三）国内贷款利息

国内贷款利息被项目投资人视为费用，但对于国民经济评价来说，它表示项目对国民经济的贡献有一部分转移到了国内银行或金融机构，社会实际资源并未增加或减少。因此，在进行国民经济评价时，国内贷款利息也是一种转移支付。

（四）折旧

折旧是会计意义上的生产费用要素，是从收益中提取部分资金，与实际资源的消耗无关。在项目经济分析时已将固定资产投资所耗用的资源视为项目的投资费用，折旧是投资形成的固定资产在再生产过程中价值转移的一种方式。因此，不能将折旧计为国民经济评价中的效益或费用，否则就是重复计算。

第三节　国民经济评价参数

国民经济评价参数是指在工程项目经济评价中为计算费用和效益、衡量技术经济指标而使用的一些参数，主要包括社会折现率、影子汇率、影子工资和影子价格。

一、社会折现率

社会折现率反映的是社会成员对社会费用效益价值的时间偏好，即对社会的现在价值与未来价值之间的权衡。社会折现率又代表社会投资所要求的最低动态收益率，理论上认为应该由社会投资机会成本决定，也就是由社会投资的边际收益率决定。

社会折现率根据影响社会经济发展的多种因素综合测定，由专门机构统一测算发布。它是对社会经济发展目标、发展战略、发展优先级、发展水平、宏观调控意图、社会成员的费用效益时间偏好、社会投资收益水平、资金供求状况、资金机会成本等因素进行综合分析的结果。中国目前的社会折现率一般取值为8%。对于永久性工程或者受益期超长的项目，例如水利设施等大型基础设施和具有长远环境保护效益的建设项目，社会折现率可适当降低，但不应低于6%。

社会折现率取值的高低会影响项目经济可行性的判别结果。当社会折现率较低时，将会使得一些经济效益不好的投资项目得以通过，使得能够投资的项目数量较多，总投资规模上升；当社会折现率较高时，会使得一些本来可以通过的投资项目达不到判别标准而被舍弃，从而使能够投资的项目数量减少，总投资规模下降。因此，社会折现率可以作为国家建设投资的间接调控参数。

二、影子汇率

影子汇率是指能正确反映外汇真实价值的汇率，即外汇的影子价格。在国民经济评价中，影子汇率通过影子汇率换算系数计算。影子汇率换算系数是影子汇率与国家外汇牌价的比值，由国家统一测定和发布。根据中国外汇收支、进出口环节税费及出口退税补贴等情况，目前中国的影子汇率换算系数取值为 1.08。

影子汇率的取值对于项目决策有着重要的影响。对于那些主要产出物是可外贸的建设项目，由于产品的影子价格要以产品的口岸价为基础计算，因此外汇的影子价格高低直接影响项目收益的高低，进而影响对项目效益的判断。影子汇率换算系数越高，外汇的影子价格越高，产品是可外贸货物的项目效益评价结论就会有利于出口方案。同时，外汇的影子价格较高会导致项目引进投入物的方案费用较高，因此评价结论会不利于引进方案。

三、影子工资

影子工资是指建设项目使用劳动力、耗费劳动力资源而使社会付出的代价。影子工资一般是通过影子工资换算系数计算。影子工资换算系数是影子工资与财务评价中劳动力的工资之比。技术性工作的劳动力工资报酬一般由市场供求决定，影子工资换算系数一般取1，即影子工资可等同于财务评价中使用的工资。根据中国非技术劳动力就业状况，非技术劳动力的影子换算系数为 0.25 ~ 0.80，具体可根据当地的非技术劳动力供求状况确定。非技术劳动力较为富余的地区可取较低值，不太充裕的地区可取较高值，中间状况可取0.50。

四、影子价格的确定

（一）市场定价货物的影子价格

1. 可外贸货物影子价格

项目使用或生产可外贸货物，将直接或间接影响国家对这种货物的进口或出口。原则上，对于那些对进出口有不同影响的货物，应当分不同情况，采取不同的影子价格定价。为了简化工作，可以只对项目投入物中直接进口的和产出物中直接出口的货物，采取进出口价格测定影子价格。对于其他情况，仍按国内市场价格定价。

进口投入物的影子价格（到厂价）＝到岸价（CIF）× 影子汇率 ＋ 进口费用

出口产出物的影子价格（出厂价）＝离岸价（FOB）× 影子汇率 － 出口费用

其中，到岸价是指进口货物运抵中国进口口岸交货的价格，包括货物进口的货价、运抵中国口岸之前所发生的境外运费和保险费；离岸价是指出口货物运抵中国出口口岸交货的价格；进口费用和出口费用是指货物进出口环节在国内所发生的各种相关费用，包括货物的交易、储运、再包装、短距离倒运、装卸、保险、检验等环节上的费用支出，也包括物流环节中的损失、损耗及资金占用的机会成本，还包括工厂与口岸之间的长途运输费用。

（二）非外贸货物影子价格

对价格完全取决于市场且不直接进出口的项目投入物和产出物，按照非外贸货物定价，以其国内市场价格作为确定影子价格的基础，并按下列公式换算为到厂价和出厂价。

投入物影子价格（到厂价）＝市场价格 ＋ 国内运杂费

产出物影子价格（出厂价）＝市场价格 － 国内运杂费

当项目产出物或投入物数量规模很大，项目实施足以影响其市场价格，导致"有项目"和"无项目"两种情况下市场价格不一致时，可取两者的平均值作为确定影子价格的基础。

（三）不具有市场价格的货物的影子价格

某些项目的产出效果没有市场价格，或市场价格不能反映其经济价值，特别是对于项目的外部效果往往很难有实际价格计量。对于这种情况，应遵循消费者支付意愿和接受补偿意愿的原则，采取以下两种方法测算影子价格。

1. 根据消费者支付意愿的原则，通过其他相关市场信号，按照"显示偏好"的方法，寻找揭示这些影响的隐含价值间接估算产出效果的影子价格。如项目的外部效果导致关联对象产出水平或成本费用的变动，通过对这些变动进行客观量化分析，作为对项目外部效果进行量化的依据。

2. 按照"陈述偏好"的意愿调查方法，分析调查对象的支付意愿或接受补偿意愿，通过推断，间接估算产出效果的影子价格。

（四）由政府调控价格的货物（或服务）的影子价格

中国尚有少部分产品（或服务），如电、水和铁路运输等由政府调控价格，政府调控价格包括政府定价、指导价、最高限价、最低限价等。这些产品或者服务的价格不能完全反映其真实的经济价值。在国民经济评价中，往往需要采取特殊的方法确定这些产品（或服务）的影子价格，具体有如下三种方法。

1. 成本分解法

成本分解法是确定非外贸货物影子价格的一种重要方法，通过对某种货物的成本（实践中往往采取平均成本）进行分解，并用影子价格进行调整换算。成本分解法是某种货物的制造生产所需耗费的全部社会资源的价值，包括投入的各种物料、人工、土地、资本等所应分摊的机会成本费用。

2. 消费者支付意愿法

消费者支付意愿法是指消费者为获得某种商品或服务所愿意支付的价格。在国民经济评价中，常常采用消费者支付意愿法测定影子价格，在完善的市场经济中，市场价格可以准确地反映消费者的支付意愿，但在不完善的市场经济中，消费者的行为可能被错误地引导，市场价格也可能不能准确地反映消费者的支付意愿。

3. 机会成本法

机会成本法是指当用于拟建项目的某种资源有多种用途时，在这些可以替代机会中所能获得的最大经济效益。

（1）电价

作为投入物时，按成本分解法测定，电力过剩的地区，可以按电力生产的边际成本分解定价；作为产出物时，按电力为当地经济所做的边际贡献计算。

（2）铁路运输

作为投入物时，一般按完全成本分解定价，在铁路运输能力过剩的地区按照边际成本分解定价，在铁路运输紧张地区按支付意愿定价；作为产出物时，按替代运输成本的节约、诱发运输量的支付意愿等测算。

（3）水价

作为投入物时，按后备水源的成本分解定价，或按照恢复水功能的成本定价；作为产出物时，按消费者支付意愿或者消费者承受能力加政府补贴确定。

（五）特殊投入物的影子价格

特殊投入物的影子价格的确定包括劳动力、土地、自然资源。影子价格需要采用特定的方法来确定。

1. 劳动力的影子价格——影子工资

影子工资是指由于项目在实施和运营中投入了劳动力，社会为此付出的代价，包括劳动力的机会成本和劳动力转移而引起的新增资源消耗。劳动力的机会成本是拟建项目占用的人力资源由于在本项目中使用而不能用于其他地方或是享受闲暇时间因而被迫放弃的价值。劳动力的机会成本是影子工资的重要组成部分，这与劳动力的技术熟练程度和供求状况有关。

2.土地的影子价格

根据土地用途的机会成本原则或消费者支付意愿原则计算影子价格。

（1）生产性用地

主要指农业、林业、牧业、渔业及其他生产性用地，按照这些未来可以提供的产出物的效益及因改变土地用途而发生的新增资源消耗进行计算。

土地的经济成本(影子价格)=土地机会成本+新增资源消耗　　　　　　　　（7-1）

土地的机会成本应按照社会对这些生产用地未来可以提供的消费产品的支付进行分析计算，一般按照项目占用土地在"无项目"情况下的"最佳可行替代用途"生产性产出净效益现值进行计算。

新增资源消耗应按照在"有项目"情况下土地的征用造成原有地的附属物及其他资源耗费来计算，主要包括拆迁补偿、农民安置补助费等。土地平整等开发成本应计入工程建设成本中，在土地经济成本估算中不再重复计算。

（2）非生产性用地

如住宅、休闲用地等，应按照支付意愿的原则，根据市场交易的价格测算其影子价格。

3.自然资源的影子价格

自然资源包括土地资源、森林资源、矿产资源和水资源等。经济费用效益分析中，项目的建设和运营需要投入的自然资源是项目投入物替代方案的成本，因此，其影子价格是通过对这些资源资产用于其他用途的机会成本等进行分析测算得到的。

第四节　经济费用效益分析

经济费用效益分析是从资源合理配置的角度，分析项目投资的经济效率和对社会福利所做出的贡献，评价项目的经济合理性。

一、经济费用效益分析目的

（一）全面识别整个社会为项目付出的代价以及项目为提高社会福利所作出的贡献，评价项目投资的经济合理性。

（二）分析项目的经济费用效益流量和财务现金流量存在的差别以及造成这些差别的原因，并提出相关调整建议。

（三）对于市场化动作的基础设施等项目，通过经济费用效益分析来论证项目的经济价值，为制订财务方案提供依据。

（四）分析各利益相关者为项目付出的代价及获得的收益，通过对受损者及受益者的经济费用效果分析，为社会评价提供依据。

二、经济费用效益分析指标

（一）经济净现值（ *ENPV* ）

经济净现值（ *ENPV* ）反映项目对国民经济的净贡献。它是用社会折现率将项目计算期内各年的经济效益流量折算到建设期初的现值之和。计算公式为

$$\text{ENPV} = \sum_{t=0}^{n}(B-C)_t\left(1+i_\text{s}\right)^{-t}$$

（7-2）

式中 B ——经济效益流量； C —经济费用流量； $(B-C)_t$ ——第 t 期的经济净效益流量； i_s ——社会折现率； n ——项目计算期。

在经济费用效益分析中，如果经济净现值大于或等于 0，表明项目可以达到符合社会折现率的效率水平，认为该项目从经济资源配置的角度可以被接受。

（二）经济内部收益率（ *EIRR* ）

经济内部收益率（ *EIRR* ）是指项目在计算期内经济净效益流量的现值累计等于 0 时的折现率，其计算公式如下

$$\sum_{t=0}^{n}(B-C)_t(1+\text{EIRR})^{-t} = 0$$

（7-3）

经济内部收益率（ *EIRR* ）大于或等于社会折现率，表明项目资源配置的经济效率达到可以被接受的水平，这时认为项目是可以考虑接受的，否则不可接受。

（三）经济效益费用比（ R_BC ）

经济效益费用比（ R_BC ）是指方案在寿命期内效益流量的现值总额与费用流量的现值总额之比，它反映方案经济效率的高低，其计算公式为

$$R_\text{BC} = \frac{P_\text{Cl}}{P_\text{CO}}$$

（7-4）

式中 P_{CI}——方案在寿命期内收入的现值总额；P_{CO}——方案在寿命期内支出的现值总额。

或

$$R_{\mathrm{BC}} = \frac{\sum_{t=1}^{n} B_t (1+i_s)^{-t}}{\sum_{t=1}^{n} C_t (1+i_s)^{-t}}$$

（7-5）

式中 B_t——第 t 期的经济效益；C_t——第 t 期的经济费用。

如果经济效益费用比大于或等于1，表明项目的资源配置的经济效益达到了可以接受的水平，方案可行；如果经济效益费用比小于1，则方案不可行。

在多方案比较时，经济效益费用比最大的方案其经济效率最高。

第五节　经济费用效果分析

对于一些效果难于或不能货币化，或货币化的效果不是项目主要目标时，通常采用费用效果分析法。费用效果分析是指通过比较项目预期的效果与所支付的费用，判断项目的费用有效性或经济合理性。

费用效果分析中的费用是指为实现项目预定目标所付出的财务代价或经济代价，采用货币计量；效果是指项目的结果所起到的作用、效应或效能，是项目目标的实现程度。费用效果分析方法的基本特点是把效果和费用分开研究，即用货币指标度量费用，用物理指标度量效果，然后对各种方案的费用与效果进行比较，选择最好的方案。

费用效果分析的核心是"费用–效果率"计算。第 i 个备选方案的费用–效果率（CE_i）被定义为成本 C_i 和效果 E_i 的比

$$\mathrm{CE}_i = C_i / E_i$$

（7-6）

费用效果分析回避了效果定价的难题，直接用非货币化的效果指标与费用进行比较，方法相对简单，适用于效果难以货币化的领域。另外，在可行性研究的不同技术经济环节，如场址选择、工艺比较、设备选型、总图设计、环保保护、安全措施等，往往很难与项目最终的货币效益直接挂钩测算。这些情况下，都适宜采用费用效果分析。

费用效果分析既可以应用于财务现金流量，也可以用于经济费用效益流量。对于前者，主要用于项目各个环节的方案比选、项目总体方案的初步筛选；对于后者，除了可以

用于上述方案比选、筛选以外，对于项目主体效益难以货币化的，则取代费用效益分析，并作为经济分析的最终结论。

费用应该包括从项目投资开始到项目终结的整个期间内所发生的全部费用，费用可按现值公式或年值公式计算。

一、费用现值（PC）

$$PC = \sum_{t=1}^{n} (CO)_t (P/F, i, t)$$

（7-7）

式中 $(CO)_t$——第 t 期现金流出量；n——计算期；i——折现率；$(P/F, i, t)$——现值系数。

二、费用年值（AC）

$$AC = \left[\sum_{t=1}^{n} (CO)_t (P/F, i, t) \right] (A/P, i, n)$$

（7-8）

式中 $(A/P, i, n)$——资金回收系数；其他符号意义同前。

备选方案的计算期不一致时，应采用费用年值公式。

费用效果计量单位的选择，应能够切实度量项目目标实现的程度，且便于计算。若项目的目标不止一个，或项目的效果难以直接度量，需要建立次级分解目标加以度量时，应用科学的方法确定权重，借助层次分析法对项目的效果进行加权计算，形成统一的综合指标。

费用效果分析采用效果费用比为基本指标，计算公式为

$$R_{E/C} = \frac{E}{C}$$

（7-9）

式中 $R_{E/C}$——效果费用比；E——项目效果；C——项目的计算期费用，用现值或年值表示。

有时为方便起见，也可采用效果比指标，按下式计算。

$$R_{C/E} = \frac{C}{E}$$

（7-10）

第八章 信息化背景下的建筑工程管理

建筑业作为中国经济的支柱型产业，在信息技术不断更新换代的今天，也急需借助信息化的力量，解决传统落后式建筑工程管理方式中施工进度、造价、质量以及工程项目文档等方面的难题。基于此，下面以建筑工程管理的主要内容为出发点，提出了信息化背景下建筑工程管理的具体措施。

第一节 建筑工程项目信息化管理中存在的问题

改革开放以来，中国建筑行业持续快速发展，在中国经济发展中发挥着至关重要的作用。然而与发达国家相比，中国建筑业无论在劳动生产率还是在企业平均利润率方面均远远落后，原因是多方面的，其中行业信息化程度薄弱是制约中国建筑业科学发展的重要原因之一，这迫切要求建筑企业利用信息技术提高生产效率和管理水平，实现企业管理的信息化。而当今信息化管理中依旧存在着很多的问题，下面将就这些问题展开讨论。

一、建筑企业面临的机遇与挑战

（一）建筑业面临的发展机遇

1.建筑业发展机遇大于挑战

2008 年，为了促进经济平稳较快增长，中央推出了"保增长、扩内需"的十项措施，并投资 4 万亿元用于实施。中央强调的"扩大投资出手要快，出拳要重，措施要准，工作要实"充分显现了政府加大基建投资的力度和决心，伴随着基建投资的增加，建筑行业迎来了难得的发展机遇。国家发改委投资研究所针对"4 万亿元对各行业的初次拉动作用"进行了测算，这次投资为建筑行业的发展提供了前所未有的契机，对建筑业发展的推动作用巨大。

2.建筑业的发展空间仍然巨大

中国目前城镇化率与国外发达国家相比还有较大差距，同时还有旧城改造、大量基础设施建设。建设部推出新的特级资质标准，引导企业发展方向。

3. 信息化的时机和外部条件

2008 年以来，中国政府为应对金融危机采取了适度宽松的货币政策和积极的财政政策，国务院迅速出台了扩大内需、加大投资、稳定经济增长的各项措施，为中国的建筑行业发展提供了千载难逢的发展契机。从各项外部条件看，信息化建设的条件也已经具备，社会条件，20 世纪人类社会已经进入信息化时代，国内信息化基础设施日臻完善，党和国家提出了"信息化与工业化融合发展"的新方向，技术条件，近十多年来，信息技术和咨询实施经验日渐成熟，大型集团化企业信息化成功案例已经比较普遍；行业形势，在行业主管部门的推动下，建筑行业出现一轮信息化建设高潮，可供选择的厂商和产品相当丰富。

（二）影响建筑业发展的不利因素

1. 中国宏观经济发展的复杂性和不确定性

2014 年以来，中国国民经济增长速度放缓，相应地全社会固定资产投资总额增长率呈下降趋势，同时，国家持续对房地产行业进行调控，可能会对建筑业的发展造成不利的影响。

2. 条块分割问题比较严重

中国建筑业的市场化程度逐渐提高，但仍存在部门分割和地区封锁的问题，建筑企业跨行业、跨地区经营仍然存在一定障碍。

3. 在高端建筑业市场竞争力不足

近年来，中国建筑企业在技术水平和装备水平等方面虽然有一定提高，但是从总体上讲由于在技术革新、设备更新等方面缺乏足够资金投入，与国际先进水平相比尚有一定的差距；同时，中国建筑企业还存在高级专业技术人才较为匮乏、科研投入不足等情况，这些因素都使得中国建筑企业在高端建筑业市场竞争力不足。

二、信息化建设面临的主要矛盾和挑战

在看到信息化建设能够给建筑企业带来的预期价值和效益的同时，也要清醒地分析信息化建设过程中可能遇到的困难和问题。

（一）当前开展信息化建设面临的主要矛盾

各级领导、管理人员和员工提升信息化水平的迫切期望和相对薄弱的信息化基础之间的矛盾；经营规模快速上升，建设生产时间紧、任务重和信息化建设时间、人力投入之间的矛盾；集中统一的信息化规划、建设和之前信息化建设相对分散之间的矛盾。

这些矛盾都是建筑企业开展信息化过程中将会遇到的现实问题，需要引起足够的重视，在工作过程中可以通过建立合理目标、均衡资源分配、积极宣传引导等多种方式进行规避和化解，避免由于处理不当影响建筑企业信息化建设顺利进行和取得的效果。

（二）在信息化建设过程中，还可能遇到的挑战

首先是管理层重视的程度、支持的力度和持续性；其次是各级部门和人员对信息化的意义及方法等方面的认识尚不统一；再次是各业务管理部门参与的程度，以及是否为信息化建设带来的管理变革做好各方面的准备；最后是大型信息化项目群管理的经验和能力，以及技术支持、运维服务的能力。

应对以上挑战，需要建筑企业各级部门和人员付出艰苦的努力，也应该认识到，建筑企业的信息化建设还处在起步阶段，任重而道远。

三、中国建设企业信息化存在的问题

中国建筑业信息化建设近年来取得了长足的进步，为建筑业发展提供了强大动力，但也有很多建筑业信息化建设的结果往往不尽如人意，很多信息化工程没有真正起到提高管理效率的效果。

究其原因，主要在于建筑企业对信息化建设的观念上存在误区，主要表现为以下几个方面。

（一）信息化是面子工程，应付特级资质考评

信息化是提升建筑企业核心竞争力的重要手段，这一点在发达国家已得到充分验证。但中国建筑业信息化尚属于初级阶段，还是以传统的管理模式为主，信息化给企业带来的经济效益还没有明显表现出来，而且还需要资金的不断投入，这样对于多数建筑企业而言，信息化就很难被重视起来。

（二）选择和建立各部门最合适的系统，部门间各自为战

企业的信息化建设应该着眼定位于企业的整体，应该从企业整体发展角度出发考虑信息系统的建设。如果缺乏整体观念和系统规划，只关注局部业务功能，就会形成各种管理软件并存于一个企业的现象，不但造成各种企业资源的浪费，还会使得信息因为系统之间缺乏沟通而造成相互之间不能保证一致性和同步性，使得本该集成在同一系统的企业流程

被分割开来，结果，企业管理者只能看到业务流程中不完整的部分，使得企业管理的信息化成为空谈。

（三）认为定制开发的信息化软件比产品化的软件更符合企业需要

所谓定制开发，是企业根据自身需要独立承担系统需求整理、系统实施、后期运维等信息化项目的建设实施工作，而借助外包方式实现功能设计、系统开发等工作，量身定制出适合企业自己需要的信息系统，看似很有诱惑力的信息系统建设模式，但细细分析不难看出问题多多。

第一，企业综合信息系统经历一般要经历软件需求理解、产品开发、产品实施，即要经历三大风险，某一个环节出问题，将意味着项目夭折的风险，而成熟的产品主要风险仅在产品实施环节。

第二，定制开发的软件公司基本上是见单打单，缺乏成熟的行业解决方案，很难将标准化思想、全面项目管理思想、联盟体管理思想等管理软件的先进管理思想融合进去，基本上是对企业业务流程的电子化模拟，很难实现建立企业管理系统的目标。

第三，定制开发的产品相对比较僵化，在产品开发完成后，如有改动，工作量将比较大，一旦服务于该项目的员工离职，后续的服务工作也是无法保障。所以定制开发的系统并不是最理想的项目建设模式。

完全的产品化也存在与企业实现管理需求不一致的情况，所以理想的信息系统建设模式应为 80% 行业化积累的成熟产品 +20% 灵活的配置个性化需求 + 少量的二次开发，这样的一套信息系统既有先进管理思想，也能满足企业自己个性化的管理需求。软件实现模式可采用平台（个性化配置）+ 产品（先进管理思想）+ 少量定制开发模式。

（四）信息化只是信息部门的事情

业务部门深入参与信息化的主要目的是要以经营效益为中心导向，其基础是企业的业务流程，目的是解决实际业务流程中出现的实际问题。因此，企业信息化建设中业务部门的支持和参与程度，直接决定着信息化项目的成败，如果没有业务部门的参与和配合，那企业信息化的建设就往往流为一种形式。

（五）通过信息化对企业管理得越细越好

信息化建设要与企业发展、管理水平相结合，如果背离了企业实际情况，则成了无源之水，通过信息化对企业管理到怎么样一个程度，要取决于企业实际管理水平以及信息化的投入与产出比。如果企业实际日常管理没有达到非常精细，而上了信息系统要求做到非常细化，则可能导致管理成本大大提高，员工工作量增加，反而效率会降低，信息化项目推进难度也将大大增加，势必会增加项目夭折的风险，也会影响企业运营的稳定性。

四、国内工程项目管理软件应用现状

（一）项目管理思想的发展

20 世纪 80 年代中期，美国项目管理学会（PMI，Project Management Institute）和国际项目管理协会（IPMA，International Project Management Association）先后提出了项目管理知识体系（PMBOK，Project Management Body of Knowledge）的理论和知识框架，PMBOK 把项目全生命周期的概念和管理过程引入系统的工程项目管理学，为建立项目全生命周期的信息处理模型提供了理论框架。

项目控制论思想产生于 20 世纪 90 年代中期的德国，与传统的工程控制思想不同，项目控制论的核心思想是项目信息处理的战略模型和结构，强调在项目信息处理基础上组织的项目总控模型。项目总控模型是在信息化条件下的一种工程项目的管理流程和组织模型，是一种基于项目信息处理的战略结构，它在慕尼黑国际机场建设和铁路改造项目中成功应用。作为现代化信息技术在工程项目中的创新和应用，项目控制论为集成项目管理软件及企业级项目管理信息系统的产生提供了理论基础。

同样在 20 世纪 90 年代，项目协同思想在美国的工程项目管理实践中产生，其核心思想是工程项目中供需方的关系（如业主和承包商、承包商和分包商、建设方和政府监管之间的关系）建立的基础应该是项目参与方共同的核心价值，而不是传统的合同条款和工程计量。项目协同思想为项目建设中各参与单位之间的合作确定了新的价值理念，也为统一项目信息管理平台的建立提供了全新的思想方法。

美国项目管理学会 PMI 于 1998 年开始启动 OPM3（Organizational Project Management Maturity Model，组织项目管理成熟度模型）计划，经过五年努力，OPM3 终于在 2003 年 12 月问世。组织项目管理是指通过项目将知识、技能、工具和技术应用于组织和项目活动来达到组织目标。它将传统项目管理范畴从单一项目的成功交付扩展到了多项目组合管理，成为组织在市场环境中的一项战略优势。成熟度模型为项目管理提供了一种过程性框架，可以理解为随着时间的推移，组织的能力得到不断提高，从而在竞争中持续获得优势。PMI 对 OPM3 的定义是评估组织通过管理单个项目和组合项目来实施自己战略目标能力的一种方法，也是帮助组织提高市场竞争力的工具。作为 PMI 最新发布的标准，OPM3 为组织提供了一个测量、比较、改进项目管理能力的方法和工具。不管组织是要依据标准对自己进行评估，还是要制订某种最佳的项目管理的实施计划，都可以通过 OPM3 取得掌握目前状态和获取期望目标的工具并加以检验成功与否，并使用绩效指标对实践结果进行评估，从而能够全面了解需要做什么才能完成组织目标。

项目管理在中国得到了快速的普及和发展。PMI 作为项目管理领域唯一真正全球通用的权威认证在中国国内授权了大批指定的教育机构；PMA 也在国内设立了专门的中国项目管理委员会，进行专业的教育培训和资格认证；国内不少管理理念超前的企业也都非常重视项目管理的应用和培训，建立了自己的项目管理系统，运用项目管理思想进行有效的管理。

（二）工程项目管理软件在国内的应用

I. 项目管理软件的应用

项目管理是动态的，需要处理大量的数据和信息，并根据数据和信息的变化不断调整项目各阶段的实施，最终实现整个项目的目标。这些具体工作的实施过程，离不开工程项目管理软件的应用，项目管理软件在工程项目管理中的应用程度反映了工程项目管理的信息化程度。

项目管理软件的应用存在两种形式：第一种形式是项目的某一个参与方单独应用项目管理软件的形式。在很多工程项目中，业主没有布置统一的项目管理软件，往往是工程的参与方单独选用适合自己使用的项目管理软件，比如设计方采用 CAD 和概预算软件，承包商采用进度计划管理、费用管理和风险管理软件，监理方采用专门的监理软件等，这些软件可以很好地帮助参与方提高各自的工作效率，缺点是软件与软件之间不能做到完整有效的信息共享，难以形成协同化作业，容易形成信息的不一致和不完整。第二种形式是以业主为主导的统一的项目管理软件应用形式。在一些大型或特大型工程项目的实施过程中，业主根据自身的具体情况和工程项目的特点引进或者开发适合本项目运作的专门的项目管理软件或系统。通过软件或系统的应用，使工程项目的各个参与方成为一个有机的整体，实现了对项目的统一规划、统一标准，保证整个工程项目顺利完成。

随着互联网技术的迅速发展、项目管理理念的不断完善，项目管理软件的功能也得到了迅速的增强，涉及的行业领域也从最初的国防、工程建设领域发展到了目前社会的各个行业。总的来说，目前各行业各种类型的项目管理软件主要功能都是围绕项目管理的总体目标来设置的，主要有人力资源配置、进度计划、成本控制和分析、资金调配和风险识别等功能。进度管理是项目管理软件的核心功能，项目管理软件通过对实际进度和计划进度比较，及时调整影响进度的数据信息，实施工程项目的动态管理。基于各种目标控制的工程项目管理软件在集成项目信息资源的同时，能够实现项目信息的智能联动，全方位地对工程项目的各个环节进行有效控制。

项目管理软件凭借其先进的功能、理念越来越为企业所接受。在中国新经济情况下，国内项目管理软件发展也展现出了新的趋势。首先，专业化程度越来越高。项目管理软件的应用涉及的行业领域越来越多，而且在对项目管理软件的需求方面各个行业之间存在着不少的差别，现在市场上还没有完全适应所有行业的项目管理软件，因此，排除成本因素，针对不同项目量身定制的软件开发更受市场的欢迎。其次，项目管理软件集成化。对一些企业级项目管理来说，仅仅满足其单个项目的需求是不够的。还需要从企业经营角度出发，满足企业整体层面的管理需求，比如人事管理、供求关系管理，等等，把不同功能完全集合到一个系统平台上，而且所有功能模块的数据都是联动的，是未来项目管理软件发展的必然趋势。

五、国内项目管理软件应用存在的问题及原因

目前在中国的国防、建筑、桥梁及水电等工程领域，通过运用项目管理软件，成功解决了很多工程项目的各种工程难题，使工程项目管理的效率得到了很大幅度的提升。然而，中国国内项目管理自动化领域的发展正处在起步阶段，还面临着诸多问题。首先，各类工程项目管理软件的数量较多，在功能上各有不同，具体的应用效果也是良莠不齐；其次，虽然国家在宏观层面上对工程项目管理信息化的建设工作十分重视，项目管理软件的推广也在一定程度上促进了中国项目管理水平的提高，但在实际应用中还是存在不少问题。根据已有的调查统计资料，可以从以下几个方面归纳分析国内项目管理软件的应用存在的问题。

（一）固守传统的管理模式，难以形成突破性认识

由于工程项目管理软件在短期内不能带来明显的经济效益，加上对工程项目管理信息化的认识不够，有些企业对于工程项目管理软件的应用缺乏重视，不愿在工程项目管理软件的应用上增加投入，在这种情况下，要把项目管理软件的应用提升为企业的主动行为难度很大。随着现代工程项目管理理论在中国的普及和工程管理实践的发展，与项目管理软件相关的管理思想和信息技术的成熟及成本下降，会使企业积极性进一步提高，意识上的问题必将得到解决。

（二）项目管理知识体系在建筑行业的普及程度不够

中国建筑领域大部分业主单位是围绕某一个项目组建起来的，大多数人员仅限于本职工作的专业范围，缺乏现代项目管理方面的专业知识，对整个项目管理知识体系缺乏深入的学习和了解。目前，由于知识理论的缺乏导致项目管理软件应用流于形式，甚至不但没有提高效率反而造成了不必要的人财物的浪费，严重阻碍了项目管理软件应用，也减缓了项目管理信息化建设的整个进程。基于这个问题，工程项目管理领域的各个方面的相关培训就显得格外重要，通过有效的专业培训，不但能提高软件的使用水平，充分挖掘其应用功能，更重要的是可以统一思想，使现代化项目管理思想深入人心，为推进企业信息化的建设创造基础。

六、信息化系统建设存在的问题

（一）信息化系统构建情况分析

I. 构建系统模块不合理

建设集团的信息化系统分为项目管理、共享平台、合同管理、成本管理、物资管理、

工作管理、项目管控中心、资产管理、集团财务、人力资源、企业管控中心、柔性管控平台12大子系统，系统项目过多，分类不清；且部分子系统模块操作交叉，造成使用不便捷，如物资管理、合同管理、成本管理都与项目管理相重叠。

解决措施，综合施工企业的横、纵向管理的需要及自身的工作特点，建议措施如下：1.系统模块分为财务类、项目管理类、办公管理类、经营管理类、企业管控中心、共享中心6类板块；2.项目管理类分为招投标控制、成本控制、物资控制、质量控制、安全控制、技术控制、设备管理、进度控制、合同管理、项目经理平台10个板块；3.因建设集团为集团总公司—分公司（子公司）—项目部的三级管理模式，所以加设企业管控中心监控项目，下设招投标管理、成本管理、物资管理、质量管理、安全管理、技术管理、设备管理、进度管理、合同管理9个板块与项目管理类相连接。

2. 轻视软环境建设

建设集团通过斥资1000余万元，构建整套的信息化系统，包括PC机、服务器、适配器、交换机、扫描仪等大量的设备和信息化系统软件，但轻视信息化系统管理制度和施工企业自身规范化的建设，如到目前为止，施工企业依然没有自身一整套完整系统管理制度，只是依据国家的信息化建设大纲，远远满足不了施工企业实际的要求，造成施工企业的资金和精力投入轻重失调，信息化系统的使用不畅。

3. 管理理念相对陈旧

技术进步了，采用信息化施工，但管理理念更新比较慢，现有的施工企业信息化系统的应用主要是模仿传统人工流程，也就是说管理方式还是传统管理思维。让一个先进的信息系统去仿真一个落后的管理模式，这是不合适的。虽然信息化系统能完成人工复杂或重复的工作的一部分，但缺乏现代化的管理理念，难以对施工企业的改革和效益产生有效的作用；另一方面，施工信息化系统的部分模块采用了先进的管理模式，但由于企业自身的管理模式和办事流程没有转换提升，造成系统功能使用不切合，无法正常使用。

（二）信息化系统使用情况分析

1. 信息化系统灵活性有待进一步改良

（一）建设集团的信息化系统以集团总部为数据与业务处理中心，以Internet为基础平台，以VPN远程连接为接入点，这种方式的数据读取和处理都必须依托网络连接系统服务器，当施工项目地处偏远郊区或意外情况，断网或网络连接不上时，如工程承接的一些市政工程在荒郊野外，系统登录不上，无法正常进行。（二）信息化系统工作挂带工作流传递给上级是以电子邮件或代办事项提醒在PC机上，但这前提是上级的PC机必须开机且处于登录状态，这样就造成了系统信息传递的便捷性和时效性不强。

2. 信息化系统的部分模块功能缺乏

现有信息化系统的主要功能在信息基础资料的收集，而对于追踪控制和后期的效果分析等功能普遍缺乏，总体来说是重收集轻分析。

（1）进度管理模块

进度模块的集成度不高，而且进度受人员、物料、环境等多方因素影响，施工总进度难控制。集团信息化系统的进度管理模块中，总进度计划采用网络图表示，而月份进度计划采用横道图表示。众所周知，横道图的施工工作的逻辑关系不清晰，且无法确定关键线路、关键工作和工作时差，当某项工作变化时，很难调整进度计划。本系统采用每月份计划和实际两图对照的方式控制进度偏差，这就要求资料员每周录入每项工作的完成情况，且没有最早开始、最迟结束等时间参数的设置，造成进度管理控制信息化控制形同虚设，依然还是采用人工经验管理控制，进度工作造成大量的数据采集，只收集资料无有效控制。

（2）合同管理模块

在合同建立、评审、签订、履约管理等多方面都比较齐备，但缺少合同的预警控制和合同的最终评价。合同的追踪预警是指合同中关于工程款拨付的条件、时点，应分阶段设置预警，提早 3 ~ 5 天提醒，便于整理算量。

（3）物资管理

这个模块比较成熟，功能齐全。主要增加最终的效果评价就好，就是实际物资消耗和计划物资消耗的对比分析，得出偏差分析原因，为下个工程提供指导。

第二节　强化建筑工程项目信息化管理的对策

建筑工程管理中应用现代信息化技术已经成为一种发展趋势。相关企业要不断加强信息化人才队伍的建设，并积极运用信息化技术手段，创新信息化管理模式，开发出适合中国建筑行业发展现状的信息化工程管理软件，从而提升建筑工程的管理水平。

一、信息化背景下建筑工程管理措施

（一）注重信息化人才队伍的建设

首先，企业在招聘时要尽量选取一些具备信息化管理能力的人才，而且还要经过严格的审核和考察，确保被录用的人才可以做到将工程管理理论知识、信息化技术手段与实践工作相结合；其次，企业要加大对现有管理人员的培养力度，为其提供各种锻炼和培训的机会，从而不断壮大建筑工程信息化管理人才队伍；最后，建筑工程管理人员还要加强自身学习新技能的主动性，转变传统的管理理念，做到与时俱进。

（二）积极运用信息化技术手段

科技作为第一生产力，若将高水平的信息化技术引入到目前的建筑工程管理中，不仅可以有效处理传统建筑工程管理模式中的一些问题，还可以加快建筑工程的施工速度，实现建筑工程的全面、科学管理。同时，建筑工程管理人员通过运用信息化技术手段，还可以对施工现场进行动态掌控，并更加便捷地对工程施工文件进行管理。例如，深圳云联万企科技有限公司旗下研发的"项目 e"App 就是通过建立一个建筑工程项目管理平台，使建筑工程设计模型专业化、施工进度可视化、施工成本图形化、施工文件便捷化。其信息化优势主要体现在对项目成本进行实时分析，企业盈亏透明化；为项目管理提供方案和模板，规范管理制度；分配、监控、反馈、评价一步到位；突出紧急、重要事件；随时随地保持沟通，不错过任何细节。

（三）创新信息化管理方式

运用创新型的信息化管理方式可以实现对建筑工程施工人员、材料以及机械的合理配置，并且利用智能化的管理方式还能在一定程度上减少工程的变更及返工次数，从而为工程的施工质量及成本的控制提供有效的保障。

例如，长春市二道区项目全景推进管理平台的正式启动，创新性地将信息化理念运用到了项目管理上，并成功设立了"一库六平台"。"一库"即项目全景数据库，储存项目相关基本信息、法人信息、项目效果图、地理信息等。"六平台"包括数据采集、推进问题处理、成果展示、大数据汇总分析、工作互联互通和管理制度发布共享平台。平台的投入使用有效解决了项目信息不集中、推进缺乏监督、成果不直观、沟通手段落后、重复调度等项目管理中的"疑难杂症"。平台将所有项目信息存储于"云"服务器上，实现了多部门、多级别的项目信息共享，并将原来繁重、重复的项目调度工作改变为"平时定期更新，用时一键萃取"。项目监管人员和负责人可以随时监控项目进度，帮助管理部门实时了解项目缺失资源、审批障碍，大大提高了项目的推进、监督和管理水平。

（四）开发建筑工程管理信息化软件

建筑工程管理信息化软件的应用与管理工作的开展效率有着直接的联系，因此相关企业一定要加大信息化软件的开发力度，确保工程管理工作的有效性。目前，相对于发达国家来说，中国建筑工程管理方面信息化技术的应用还不太成熟，大多是借鉴国外的管理技术。但是，受到中国建筑施工环境和其他各种因素的影响，国外的信息化软件并不能很好地发挥出其真正的价值。所以，结合中国建筑施工的实际情况以及施工技术，开发出与工程实际施工相符的信息化管理软件，对建筑工程进行数字化管理是中国相关企业获得长久发展的必经之路。

二、中国建筑企业信息化发展的对策和建议

国家宏观上应该考虑如何从战略角度通过政策引导和推动建筑企业信息化的发展。因此，政府层面主要应该通过政策鼓励企业加大信息化技术应用的投入力度，加强建筑企业信息化人才队伍的培养，利用建筑行业协会的平台加强交流，完善信息化指标考核体系，建立健全建筑企业信息化标准体系。同时，通过政府的政策组织对建筑业信息化重大关键技术的攻关、推广应用和试点示范，为建筑企业的信息化实施营造良好的外部环境。

对建筑企业自身的信息化建设的建议如下。

（一）企业高层是"一把手"，要对信息化建设的目标与意义有清晰的认识

信息化建设不仅有实实在在人力、财力的投入，一个信息系统建设费用少则数十万元，多则几千万元，同时信息化建设还要涉及流程优化、管理变革，所以如果没有企业高层尤其是"一把手"的支持是很难推行下去的。要得到企业高层尤其"一把手"的支持的前提，是要了解信息化，认同信息化给企业管理和长期良性发展所带来的意义。

（二）方向比努力更重要，谨慎选择信息化合作伙伴

信息化建设不是一蹴而就的，是一项有起点没有终点的工作，与信息化合作伙伴的关系其实就是一场婚姻关系，所以在选择信息化合作伙伴方面，建议要重点考察软件厂商的案例数量以及案例使用情况，原因有以下几个方面。

第一，只有在大量客户的使用中发现软件产品的问题，软件厂商再根据发现的问题进行修改完善，如此反复锤炼，软件产品才能走向成熟稳定。

第二，只有通过大量客户的成功实施，才能练就出一支经验丰富的人才团队。

第三，软件行业是个知识密集型的行业，通过大量客户的成功实施，可以积累出各行各业经营模式的模板，涵盖企业的业务流程模板、行业化物料编码模板等。

第四，管理软件不同于工具软件的实施，需要一套科学成熟的实施方法，只有经过大量客户的实施才能总结出适合建筑企业的实施方法。

第五，除考察客户案例以外，还要考察软件厂商的规模、从业时间、产品推出时间以及全国实施服务网络等。

（三）做好全员动员工作，高度统一思想

信息化工作是公司全员的工作，都是利益相关者，在项目实施前期一定要做好全员动员工作，召开董事长、总经理、信息化项目经理、各部门负责人、分（子）公司负责人和全体项目组成员参加的信息化启动大会，对信息化整体目标、总体规划、建设意义以及实施中可能出现的困难，进行全面介绍，以达成对信息化建设统一的认识，利于后期信息化推广与实施。在项目实施中出现一定困难时，为增加信心，也非常有必要在企业高层再进行动员。

（四）合理科学的项目组织，成功实施的保障

任何项目的成功都是离不开组织保障的，信息化建设也是一个项目，而且是一个涉及面非常大的项目。第一，企业要设立信息中心，全面负责企业信息化规划与执行工作，这个部门的设立将信息化建设直接提升到企业战略高度，工作内容包括硬件网络维护、平台个性化配置开发，综合项目管理、集团财务、人力资源、企业资产、档案管理、协同办公等系统的应用推广，中小企业人员编制在 3 人以上，大型企业编制在 5 人以上；第二各业务部门需要设立内部顾问，负责本部门信息化推广应用工作；第三，建议成立流程委员会、编码委员会与绩效委员会三个委员会，其中流程委员会与绩效委员会因为涉及面较广并直接关系众多人员利益，建议由总经理担任委员会负责人。

（五）建立信息化建设专项考核制度，增强执行力

在业务部门和项目部门很多人的脑海中，信息化就是信息部门的事情，跟他们自己关系不大，在信息化建设中处于被动接受地位，同时信息化建设初期阶段会增加业务部门人员工作量，还有可能涉及权力再分配和信息公开所带来的灰色收入的减少，所以有些业务部门和项目部门存在一定抵触是肯定的。在信息化推进过程中，在公司高层大力推进的同时，也非常有必要建立一套考核制度，针对执行不力的业务部门、分公司和项目部门进行处罚，对表现较好的给予一定的奖励，将信息化工作纳入各部门日常工作中，而不是可有可无的工作。

（六）做好整体规划和基础数据的统一，避免信息"孤岛"

为避免部门（项目）级信息化建设黑洞的怪圈，从部门级信息化提升到企业级信息化乃至于联盟级信息化，最大化消除信息"孤岛"的存在，首要工作要是做好整体规划，还有基础数据和编码统一，包括物料、组织、供应商、客户、科目、分包商、WBS 等编码。编码的统一是实现信息共享的前提。

（七）合理划分项目实施阶段，避免阶段性要求太高而失去信心

要根据企业实际情况，合理界定每阶段的实施范围与目标，信息化建设初期范围不要太大、目标不要定得太高，避免长期不见效导致从高层到基层都对信息化建设失去信心。按照信息化对企业运营支撑程度，总体可分为三个阶段。

第一阶段，辅助业务运营。1.满足企业基本记录需求；2.自动化事务处理；3.实现降低成本，提高管理精度。

第二阶段，支撑业务运营。1.辅助企业进行业务规范及管理；2.倾向于回顾型评估数据；3.使用信息来增加业务、服务或顾客价值的服务；4.业务系统转换为支持角色。

第三阶段，支持战略发展。1.企业通过对信息的有效管理来提高管理效率及获得竞争优势；2.具备信息化战略洞察能力，信息化直接支撑战略远见和关于企业深层次的思考。

信息化项目在实施过程中要做好计划、执行、检查和行动（PDCA），建议每天一小结，日事日毕，每周由甲乙方项目经理参加信息化周例会，每月由甲乙双方项目总监参与月例会，及时发现问题和处理问题。同时通过信息化周（或月）简报方式，对信息化建设过程中典型的人和事进行点评，为信息化实施提出合理化建议或设想，宣传集团公司信息化建设的动态。

坚持走中国特色新兴工业化、信息化、城镇化、农业现代化的道路，信息化是新四化新增加的内容，这表明信息化已被提升到国家发展战略的高度，信息化的战略地位和重要作用受到党和国家的高度重视。作为中国国民经济的支柱产业，建筑行业信息化是中国国民经济信息化的重要组成部分。加强推进企业工程项目管理的信息化建设，拥有一套完整、成熟的项目管理信息化系统，对现阶段建筑企业来说，是一件摆在眼前的不容忽视的重要发展方向。它能够使建筑企业不断积累项目经验，通过有效的业务，进行有效的团体学习和全过程学习，使企业的创新能力得到持续保持，核心竞争力得到不断的提高。

三、建筑企业工程项目管理信息化建设

建筑企业信息化的建设与实施是一个复杂的过程，涉及管理理念的变革、组织构架设置、软硬件基础环境配置及信息化体系建设等多个方面。首先，工程项目管理信息化需要项目参与各方和各部门的参与，并且在组织之间、成员之间形成合作的气氛，在所有参与到项目信息化建设中的各方之间形成一种共享、平等、信任和协作的关系；其次，工程项目管理信息化的建设，需要培养一大批专业基础扎实、具备现代项目管理能力的复合型、创新性、开拓性人才；最后，开发或引进先进实用的信息化核心软件和支撑其运行的软硬件基础平台是工程项目管理信息化的最终体现，工程项目管理信息系统从信息流的角度反映工程管理，实现对信息资源的有效开发和利用，工程项目管理信息化的最终落脚点在于实施高效的工程项目管理信息系统。

（一）建筑工程项目管理信息化基础准备

工程项目信息化的成功实施，既需要拥有成熟的软件系统产品和稳定的硬件运行环境，也涉及与之相适应的组织结构、管理体系和文化氛围，这是实施工程项目信息化的要求。

1. 合作共赢的工程项目文化和协调一致的组织氛围

从整个工程项目组织来看，工程项目管理涉及项目参与各方。这些不同的利益主体，相互之间既有矛盾又有统一。在工程信息化的实施和成果应用过程中，在项目信息化建设参与者之间形成一种平等、互利互信的协作关系，提倡项目利益高于一切的项目文化。从工程项目的单个参与方组织内部来看，工程项目管理信息化涉及整个管理体制、管理方法、业务流程以及相应管理人员和技术人员等诸多调整变动因素。对于管理体制、组织结

构的变动实际上是对于人的权利和职责的再分配，因此，需要领导层的重视和业务部门的支持，从而在组织内部形成协调一致的信息化氛围。

2.全员的积极参与和业主的主导作用

工程信息化成果的应用对象主要是各个参与单位的主要管理人员、技术人员，帮助各项目参与方之间建立良好的信息共享和沟通，在高效率的协调合作中，促进项目的健康有序发展。因此，工程信息化的实施强调全员参与，在同一信息水平上展开管理工作，才能使信息交流通畅，发挥出信息化在整个管理上的效用。为此，应采取包括经济、合同、管理等方面的措施，保证全员参与到信息化建设中。另外，作为工程项目生产过程中人力、物资资源以及知识的总集成者，业主不仅参与了大部分信息交流的过程，也是实施工程信息化的最大受益者，因此，激发业主积极性是成功实施工程信息化的主要因素。

3.先进理念下科学的管理工作

要实现工程项目管理的信息化，合理的管理方法、科学的管理体制、成熟的管理流程、完整准确的信息资源以及完备的规章制度是必不可少的基础，这就需要在先进管理理念指导下逐步实现管理工作的程序化、管理业务流程的稳定和标准化、数据资料的完善化。管理工作程序化将建立完善的项目信息流程，使得项目之间的信息关系明确，从流程上可清楚地观察管理工作是如何有序互动的。反过来，根据工程项目的实施情况，也需要对项目的信息流程加以调整和优化。管理业务流程的标准化就是把管理工作中重复出现的业务，按照工程建设对管理的客观要求以及管理人员长期积累的经验，规定成稳定的标准化工作程序和工作方法，用制度将它固化成为行动的准则。

4.建立统一的数据库平台

以工程项目管理信息化建设和业务协作的需求为起点建立的统一的数据库平台，能够对整个项目信息进行全生命周期的管理，通过平台能够实现对主要数据编码规则及管理流程的支撑，进而实现企业主数据编码的标准化。另外，统一的数据库平台可以保障工程项目信息的一致性，促进信息的共享和利用，通过一定的权限和安全控制，保证数据资料的有效共享和利用。

（二）建筑工程项目管理信息化建设模式

在建筑企业具体开展工程项目管理的信息化建设之前，还面临一个重要课题，那就是如何建设以及选择哪种适合建筑企业自身的建设模式。因为，信息化项目建设模式的选择，不仅关系到建筑企业工程项目管理信息化规划是否能够落地，同时也将检验并最终决定企业信息化建设的成功和失败。根据企业信息化建设的自身情况，工程项目管理信息化平台的建设有三种方式。

I. 自行开发

企业自主研发或者聘请外部团队针对项目进行信息化系统的开发，系统的设计、开发和维护完全由企业承担，而且对于信息化部门或者外包团队有较高的要求。这种方式下的信息化平台可以满足该项目各个阶段目标的控制需要，而且只要加以改进，这些系统同样适用于其他项目。

2. 直接购买或租用服务

一些典型的工程项目管理软件，如 Pimavera Planner，都是以工程进度控制为主，同时能够动态管理各种资源，这些软件一般是围绕某一个功能为主，兼而实现其他功能。企业可以直接进行购买，根据自身情况的需要进行二次开发就可以投入使用。

随着计算机通信技术的发展，租用信息服务提供商为工程管理信息化建设提供了另外一种选择，那就是基于网络的工程管理服务。通过提供开发成熟的基于网络的远程信息服务系统来实现工程项目的有效管理。如著名的 Buzzsaw 平台通过对项目参与各方的授权，提供工程项目管理平台的租用服务，参与各方通过网络共享统一存放于中央数据库的各项目信息。

（三）建筑工程项目管理信息化建设的标准化

I. 工程管理信息化建设标准化内涵

标准化工作是信息系统开发成功并能够实施应用的关键，也是信息化建设中的必不可少的基础性工程。实现全国建设工程项目的资源共享、数据交换离不开统一规范的信息标准化体系。工程管理信息化建设标准化对于建筑企业信息化建设具有重要的现实意义。

（1）标准化是国际信息共享的需要

建筑行业的竞争不仅停留在国内，随着国际建筑市场的开放程度越来越高，企业在国际市场的竞争力与企业的信息化程度密切相关。要实现与整个国际建筑行业的信息共享，标准化建设是不能忽视的。

（2）标准化有利于节约行业成本

中国现阶段建筑行业信息化的建设已经取得了很多成果，但是，在大量投入的同时，也存在严重的重复劳动，无形中增加了信息化建设的成本。究其原因，其中很重要的一点就是系统开发与应用的标准化程度不够。因此，要避免重复开发现象就必须加强落实工程管理信息化建设中的标准化工作，使信息系统和应用软件在统一的标准和规范下做到信息和数据的互通互联，提高信息系统和专业软件的兼容性。

（3）标准化是工程项目信息共建和共享的基础

目前，由于国内工程项目信息标准化工作还处于起步阶段，没有在行业内建立起统一的规范和标准，导致信息系统与专业软件、信息系统与信息系统之间很难做到真正的信息共享，造成了信息资源的重复开发和浪费，制约了建筑业信息化建设的发展步伐。因此，实现建筑行业信息资源建设的标准化，制定出台相关的行业标准，是一项必须在实现信息化之前完成的任务。

（4）标准化有利于提高信息系统的开发效率

随着现代通信技术的快速发展，企业管理信息系统逐渐呈现跨行业、跨部门的特征，规模也日益扩大，促使信息系统和专业软件开发向集体协作开发方式转变。在这种开发模式下，必须有供统一遵守的标准规范，否则就会给信息系统和相关专业应用软件的可靠性和易维护性带来巨大的负面影响。

总而言之，在工程管理信息化建设过程中，标准化工作处于一个十分重要的地位，根本原因在于工程管理信息化建设的本质目标之一就是解决参与工程建设多方主体之间的信息共享与业务协作问题，只有在标准化的支持下，才可能打破各主体之间的组织壁垒，消除信息孤岛，使得多主体之间的信息资源共享与业务协作更有效率，最终达到降低社会成本、保障项目成功的目的。

（四）工程项目管理信息化建设标准化体系

作为一项涉及面广、复杂程度高的系统工程，工程项目管理信息化建设涉及大量的标准和规范。因此，按照内在联系把这些标准和规范进行科学的整合，形成完整的工程项目管理信息化标准体系势在必行。标准体系是编制标准、制（修）订计划的依据之一，是制定标准的蓝图，也是促进一定范围内的标准组成趋向科学合理化的手段，由标准体系框架图、标准体系表两部分组成。

四、紧随建筑企业管理信息化发展趋势

随着工程项目管理领域管理思想理念不断更新、工程项目管理需求不断变化，信息技术不断发展及其工程项目管理思想、方法不断互动，未来工程项目管理信息化的发展总方向是专业化、集成化和网络化，同时强调系统的开放性和可用性。

（一）专业化趋势

工程项目管理过程中涉及成本管理、计划管理、资金管理、合同管理、质量管理、设备管理、进度管理、物资管理、会计核算、变更设计管理等内容。支持以上各类内容的信息化管理专业化软件很多，这些软件的工程更加趋于专业化，与工程项目管理理论结合更为紧密，软件功能将更加具有针对性。

（二）集成化趋势

建筑工程项目实施过程中对内涉及多个职能部门，对外需要处理项目各参与方的多方关系。通过工程项目信息的集成化管理，不仅可以实现企业内部的一体化系统运作，而且

能够在各个项目参与方之间实现项目信息的充分共享和有效利用，建立平层协作的工作关系。工程项目管理信息化需要将工程前期项目开发管理、工程实施管理和工程运营维护等在时间上的集成度提高。

工程建设项目的每一项工作都需要各个项目参与方的信息沟通、协同完成，所需环节有简有繁。因此，建筑工程项目管理的信息化必须具备实现协同办公的功能。利用互联网设备，整合计算机通信技术，通过提供各种在线办公的支持手段，不但可以使得建筑企业的工程项目各参与方有效地协同作业，并能根据实际情况对业务流程做出适当的调整，造积极主动的协同工作流程；而且可以提高企业内部之间信息沟通和资源共享，降低沟通成本，提高企业协作效率。

（三）网络化趋势

建筑工程项目有其固有的特点，就是总部办公场所与工程施工现场分离，在缺乏良好的通信手段的情况下，公司总部很难时刻了解分散在各个地方的工程项目建设情况，使得这些单项目管理信息化无法实现全公司信息集成与共享。另外，在工程项目的实施过程中，不同的部门以及各项目参与方有着不同的职责和需求。随着现代化的无线网络通信技术日趋成熟，企业信息化的建设应该充分考虑不同个体的需求，建立一个涵盖企业知识和情报管理、项目多方合作、施工现场的现场及远程管理控制的多层次的企业信息管理系统，实现各种资源的信息化，做到各个环节数据信息的充分共享和有效利用，为真正意义上的建筑企业管理信息化奠定基础。

第九章　商业地产企业融资

从 2003 年开始计算，中国房地产行业发展在中国大规模城市建设的带动下，经历了波澜起伏的 15 年，特别是在近几年，中国主要城市房地产市场经历了一波资本主导的快速上涨行情。但在一二线城市房价上涨的同时，仍有大量三四线城市库存高企，房地产市场分化明显。即使在近年经济不振的大环境下，2016 年中国房地产业增加值占 GDP 的比重为 6.5%，仍是中国经济不可替代的重要支柱产业。房地产行业可谓牵一发而动全身的行业，上下游联动行业企业众多。随着"城镇化"发展战略的带动，房地产业作为国民经济支柱产业的地位短时间内不可替代。作为融资需求巨大的行业，房地产企业的专业度越来越高，融资规模越来越大，对于融资工具的依赖度也越来越高。然而近年来，受中国房地产政策多轮具体调控的影响，开发商面临越来越复杂的政策环境，融资渠道扩宽已经势在必行，同时，企业已有的大量沉淀物业也面临市场倒逼轻资产管理的窘境。

第一节　房地产企业的分类及其融资

对于房地产业来说，资金就是企业的生命线，融资工具的使用，关系着企业能否持续健康发展。近年来，中国房地产调控政策对市场产生了巨大的影响，土地价格上涨，融资渠道收窄，销售难度增加，众多房地产企业开始将"轻资产"作为企业长远发展的战略。在这样的大环境下，中国房地产企业特别是商业地产企业如何扩宽融资渠道，创新融资工具，利用资本市场激发资产活力，具有十分现实的意义。下面将就房地产企业的分类及其融资相关问题进行重点介绍。

一、房地产企业的分类

随着房地产业的多年发展，中国房地产企业数量众多，国家统计局公报显示，总数多达近 10 万家。由于房地产行业覆盖的物业类型过于广泛，不同物业类型项目在开发建设周期、投资规模和专业化发展上区别极大，通常根据开发的物业类型区分企业。根据物业类型，可分为住宅地产、商业地产、办公地产、产业地产、旅游地产等。住宅地产、办公地产企业由于其产品更易分割销售，其中，本章将商业地产作为研究重点，主要是以商业卖场、购物中心等形态，提供零售餐饮消费服务的不动产物业形态。商业地产具有市场竞争激烈，投资数额大，开发运营周期长，不易分割销售，需要专业的开发和经营管理团队合作管理，通过长期租赁收益和资产增值来实现回报的特点，因此在现实中开发运营难度远远大于住宅产品。同时，随着近些年来中国房地产市场的日趋成熟，中国各大房地产企业均沉淀了大量无法分割销售的商业物业亟待解决。

二、房地产企业融资工具的分类

房地产企业融资，是指在房地产经济活动中，企业通过各种金融工具利用债务、信用等为企业自身融通资金的金融行为。根据资金的获取渠道、融资成本和发展历程，通常将现有市场上存在的融资工具分为两类，分别为常规融资工具和创新融资工具。

常规融资工具指发展比较成熟、融资成本相对清晰的融资工具。包括商业银行提供的固定利率的土地抵押贷款、在建工程开发贷款、委托贷款；企业通过 IPO 上市或增发股权融资；企业直接资产销售或抵押的实物融资。这一类融资工具应用范围广、发展成熟 / 融资成本低 / 风险可控。创新融资工具主要是区别于传统融资工具而言的 / 通过资本市场获取的新兴的资本融资工具，是房地产物业资本化的具体表现。具体包括非公开市场的前端非标融资、房地产私募股权（房地产 PE）、公开市场的房地产信托投资基金（REITs）、公开市场的公司债券（ABS）、非公开市场的房地产项目信托计划等。随着资本市场的发展，新的融资工具层出不穷。

三、中国房地产企业融资现状

近年来高房价对社会造成巨大压力，导致政策导向始终以遏制房价为前提，各大商业银行对房地产企业贷款审批日趋谨慎，上市融资、发行债券等传统方式虽然成熟规范，但对上市企业的规模实力渠道背景要求较高。大批中小型房地产企业随着项目的结束而消失，仍活跃在市场中的大型房地产企业，在充分利用传统融资渠道的同时，谋求优化融资工具、合理布局缓解运营压力。

目前，获取国内贷款仍是中国房地产企业的主要渠道，但年度占比有明显的波动变化，说明以银行贷款为主的国内贷款受宏观政策影响明显。同时，企业自筹资金比例稳定上升，这部分资金不仅包括企业自有资金，还包括企业自行筹措的其他渠道资金，配合其他资金来源的逐年上升，反映出中国房地产企业在拓展融资渠道的道路上的探索。

由于国家权威统计并不以行业通俗惯例分类统计相关数据，无法获知具体的商业地产企业的融资状况。但根据企业反馈的信息，相比较而言，以销售为主的住宅、办公类开发企业因其开发周期短、开发专业度高、销售回款快、资金风险低，相对更受银行类资金的青睐，产业地产、旅游地产企业通常更容易取得国家相关产业支撑政策而获取特殊资源，而商业地产企业面临着开发难度大导致融资渠道窄、商业物业集中供应同质化严重、零售消费市场竞争激烈等诸多压力，加之一处商业物业的成功往往牵涉定位、设计、经营、品牌、位置、客群等诸多因素，导致在获取融资时更是难上加难。

四、中国商业地产企业应用创新融资工具

实际上，中国很多商业地产企业都处在相似困境，排名前百强的地产企业几乎都持有相当比例的无法快速销售的存量物业（以大规模商用物业为主），不管是主动或被动，企业都在尝试建立商用物业运营团队。而成熟的商业消费模式，也注定商用物业资产需要专业稳定的运营管理模式。凯德模式的成功，为中国商业地产企业做出示范，有相当的一部分企业已经开始尝试。

（一）保利地产整合资源助力信保基金

信保（天津）股权投资基金管理有限公司（简称"信保基金"）是由保利集团下属的保利房地产（集团）股份有限公司（简称"保利地产"）和中信集团旗下中信证券股份有限公司（简称"中信证券"）于 2010 年 6 月 1 日在天津市滨海新区联合发起成立，是专注于产业投资的基金管理机构。

保利地产近年发展迅速，储备并开发了大量优质项目，而这些优质项目正是信保基金的核心资源。随着保利地产的稳健发展，信保基金的优质资产规模不断扩大。加大合作开发比例，引入信保基金在项目层面进行股权加持，是保利激越成长的关键。依托信保基金的资金平台，保利地产成功地将上市公司负债率降低。这正是股权型地产基金进驻开发企业的理想效果。目前，信保基金已经开始进行境外基金的募集和管理。在一些必须有外资参与的土地交易中，中鸿泰（香港）作为信保在境外注册的子公司，起到了重要作用。考虑到保利地产企业背景，信保基金飞速发展有其特殊性，但信保基金的操作符合国家法规和市场规律，也对房地产同业者释放出明确的信号。金融资本以股权形式参与开发，物业资产的资本化将是未来企业参与行业竞争的标配。

（二）绿地集团自主金融改革

2011 年，绿地集团出于企业发展的综合考虑，果断进入金融行业，迅速组建绿地金融控股集团（全资），并通过收购金融牌照、设立产业基金、探索资产证券化等手段迅速在金融行业站住脚跟。2015 年 7 月，绿地与中金启动战略合作共设并购及创新投资基金，打造私募股权众筹平台。

通过优质固定资产的资本化，加强资产的资本流动性，加快资金周转率，直接缓解企业开发资金压力，为集团未来发展注入活力和动力。绿地在金融领域的一系列动作，充分说明其长期发展金融业务的目标。这与近年来多家大型房地产企业在金融领域的动作异曲同工。

从具体举措来看，绿地集团更侧重搭建自己的完整的金融产业平台，这一方式较之保利集团与成熟金融企业合作的方式，前期摸索的时间更长、成本更高。目前各大型房地产企业纷纷在金融领域有所作为，但都依托自身业务方向，以"轻资产"为核心目标。这既为未来房地产金融领域的多元化发展奠定了基础，也增加了政府探索规范化管理创新金融

产品标准的难度。

五、中国地产企业应用创新融资工具的问题

（一）关联交易与道德风险

2010 年之前，中国的房地产私募基金多由金融机构或者独立的第三方管理人士主导；2010 年以后，由开发商主导的地产基金开始大规模出现，最具有代表性的就是由地产企业主导的信保基金。

由于至今始终以行业自律为主，房地产金融产品中的关联交易和利益冲突一直缺乏监管。一方面，如果是上市企业，当其通过私募 PE 获取融资时，会有投资优先权，即基金可以选择是否投资、投哪些项目，然而这样做对上市企业的股东实际并不公平；另一方面，地产企业主导发起的基金，在投资企业自己开发的项目时，是否能认真、公允地进行尽职调查、风险评估和项目商业条款谈判，能否保证双方公平公正的权益地位，直接决定投资人的资金安全。同时，各地对于基金管理人（代理人）的要求标准不统一，监管不到位，管理人水平良莠不齐。目前由于政府尚未建立明确的法规体系和监管体系，只是根据情况出台有针对性的监管政策，导致投资人对于此类产品态度谨慎。关联交易长期来看，关联交易对于房地产金融投资产品、开发企业乃至整个地产金融行业都是破坏性的。缺乏政策的约束和企业自身的自律，虽然在短期内获取了利益，但在投资人中丧失信用，未来必然付出更高的代价。

（二）多重代理成本

在商业地产企业，金融工具（PE、REITs 等）管理人和投资人之间，形成特殊的"委托代理"关系，这一关系是双向的代理。代理成本不仅指资金成本，还包括信息成本和时间成本。首先，由于这一委托代理关系的结构，完全的信息对称几乎无法实现。其中不管是商业地产企业或者代理人，都能够利用这一专业领域的信息不对称谋利，也即等于增加了另两方的成本。

由于中国目前房地产金融市场发展起步不久，各项监管措施和行业标准都未成熟，仅能够依靠行业自律，这在无形中增加了企业融资和金融机构寻找优质项目的成本，长期的成本叠加对于行业发展毫无益处。实际上绿地集团采取全资搭建金融平台，正是出于从长远控制代理成本的根本诉求。而保利集团采取与中信集团合作的方式，实际上是另一种通过强强联合资源互补的方式，让渡优质资产的未来预期，换取金融投资领域的信息对称，以降低未来投融资发展过程中可能出现的隐性成本。然而并非所有企业都具备这种能力，对于在规模或者资源上没有那么强悍的市场化的商业地产企业，为了避免信息不对称造成的代理成本过高等风险，则必然将在项目的融资条件等作为谈判筹码，换取与金融机构长期稳定的合作。目前多数房地产企业不愿意在房地产金融方面进行积极尝试，很大一部分原因是顾忌多重代理成本可能导致的得不偿失。

第二节 商业地产企业融资工具的问题与发展

对于商业地产企业，由于其自身行业属性和项目规模的因素，单纯依靠自有资金进行项目开发和运营的可能性极低。而稳定有力的融资渠道的开拓和企业获取融资的能力，在财务环节保证了企业现金流的安全。下面将就商业地产企业融资工具的问题与发展相关问题进行深入探讨。

一、商业地产企业传统融资工具常见问题

商业地产企业融资困难原因众多，主要包括以下几点。

（一）融资渠道过于单一

由于财务成本和时间成本相对明确，虽然较之住宅地产企业获取此类融资更困难，但商业地产开发企业的融资渠道仍旧首选银行贷款（土地抵押贷款、开发贷、委托贷款）等固定利率金融工具。因此，一方面，当房价波动过大时，政府会通过多种手段调控银行贷款利率或限制贷款规模，提高房地产企业融资成本，迫使企业调整销售策略，进而调控房价，对于非住宅类企业特别是融资需求巨大的商业地产企业的影响更加明显。同时，对于大多数商业地产企业来说，受到盈利能力和资质审核等实力限制，选用采取上市直接融资形式门槛太高，难度巨大，较为不现实。另一方面，商业地产企业对于金融资本工具的认识和应用严重不足，在创新工具的应用上偏于保守谨慎，过多地使用传统融资工具，也限制了其拓展融资渠道的意愿。

（二）企业融资组合简单僵化

中国商业地产企业在融资工具的运用上，不仅渠道非常传统，融资工具的组合过于简单。企业过度依赖商业银行开发贷款，不愿尝试通过资本市场融资，导致大多数商业地产企业只能被动接受并且以此为前提来匹配其他融资工具，对企业的发展造成很多限制。

（三）融资风险不可控

由于地产行业受到政策影响极大，融资渠道相对单一，故其现金流是否安全，很大程度上取决于融资是否能足额到位，导致项目操作风险不可控，在政策风向改变时，企业短期融资风险巨大，加之由于惯性企业缺乏对融资工具的整体思考和筹划，市场变动时，短

期内难以获取合适的融资组合，使项目开发出现无法实现预设的结果。

因此，由于商业地产项目前期需要企业投入大量资金和资源，商业银行贷款无法满足其长期滚动的融资需求，根据国外成熟资本市场的经验，企业必须积极应用创新融资工具，通过资产的资本化运作拓宽融资工具、拓宽企业发展思路，决定商业地产企业发展的未来。

二、商业地产企业创新融资工具发展

（一）房地产私募股权投资基金（简称 PE）

是指专门投资房地产项目和企业的私募股权投资基金。这类基金由专业性的行业专家或代理机构负责投资管理，一般投资周期在 1 ~ 5 年，选择适当时机通过公开资本市场或其他形式投资获利。私募房地产投资基金 20 世纪 70 年代出现在美国，由于经济危机的出现，优质资产折价出售，大型投资机构抄底市场获利。90 年代，随着经济复苏，私募基金开始投资收益更高的地产开发环节、物业债权投融资等领域。

根据风险等级划分的私募房地产投资基金（房地产 PE），其中核心型多投资于核心区位优质物业，例如办公楼、商业用房、工业用房等，这类 PE 风险分散、回报较低，为 7% ~ 9%；追求更高回报的增值型 PE 更多投资需要经营改善、翻修、再造的项目，风险回报相对更高，达 12% ~ 16%。房地产 PE 作为行业最可行的创新融资渠道之一，在中国的房地产市场中具有广阔的发展前景。由于中国对于公共资本市场的严格监管，针对公众市场的公司债、REITs 等融资工具发展非常缓慢，房地产 PE 的自发性发展充分显示出资本市场主导的生命力，为中国房地产市场的发展注入了新的资金和机会。随着市场的变化，行业内主动寻找优质商业资产的房地产 PE 机构数量呈现上升趋势。

（二）房地产信托

房地产信托是以信托投资公司为主体，发挥专业理财优势，通过实施信托计划筹集资金，用固定收益投资具体房地产开发项目，为投资人获取收益的金融工具。通常由信托公司作为发起人从符合标准的投资者处募集资金，以固定的预期收益率作为回报，将募集资金注入具体的房地产开发项目。

（三）房地产投资信托基金（简称 REITs）

房地产投资信托基金，最早是遵照美国 1960 年颁布的《房地产投资信托法》中规定的组织结构而成立的公司模式，用于投资房地产物业（特别是商业地产），其收入在公司层面不需纳税。创立 REITs 的目的之一是鼓励小型投资人能够通过专业化管理的公司投资房地产。由于 REITs 的核心优势是免税和吸纳社会零散资金，故而美国 REITs 的组织认定条件极其严格。包括每年必须把至少 90% 的年收入分配给股东；75% 以上收入必须来源于房地产投资；必须由独立的顾问和管理公司经营其物业；必须发行可转让的股票；等等。

三、中国商业地产企业创新融资应用建议

（一）中国商业地产创新融资工具应用原则

虽然理论上商业地产企业在开发经营过程中可以有很多种融资方式，但实际上，不管融资方式如何变化，企业选择的核心都是基于资本逐利的本质驱动，企业在进行各种融资决策时，基本原则具有明显的共同之处。商业地产由于物业特征细分多样，企业在选择融资工具组合时，必须明确融资目标，合理预判财务成本，选择符合企业战略、融资效率优先、组合方式合理、财务风险可控和资金能够及时到位的融资工具。由于房地产融资工具的引入更多是资本与企业双向选择的结果，不是每个商业地产企业都具备凯德集团房地产和金融双平台的优势，单一商业地产企业只有提高自身优势，才能在资本市场融资选择上更加灵活。对于资本市场中房地产相关融资工具的选择，企业除遵从上述基本原则外，还需要关注以下方面。

第一，企业应对宏观经济环境和市场走势需要有前瞻性的预判，只有健康发展的市场才能保证项目正常运营。

第二，企业须具备资产运营能力，且具备一定的优质项目作为筹码。为引入适当的金融资本，取得成本更低的资金，房地产企业必须具备适度的规模、持有足量的开发规模和存量资产。

第三，企业应合理评估所持项目的不同阶段、物业类型、区位和规模测算项目盈利能力，灵活选择融资工具，切忌一刀切，切忌冒进。

第四，为应对资本市场的灵活参与，企业必须破除行业固化思维，培养具有金融意识的资产管理团队，否则很难和投资人对话。

第五，以项目公司股权为标的引入金融资本，时刻关注政府政策导向，谨慎利用金融杠杆，避免项目控制权流失。

（二）房地产金融市场宏观政策趋势

企业融资需求刺激房地产金融创新日新月异，作为金融行业的重要组成部分，房地产信托基金行业在近几年发展迅速。然而在政府遏制高房价的导向下，政策环境始终未给予有力支撑。为了遏制房地产的投资品属性，监管层正在不断更新监管政策，封堵不符合政策导向的金融工具。

2010年2月，银监会颁布《关于加强信托公司房地产信托业务监管有关问题的通知》。第三条明确提出，信托公司只能向具备四证齐全、开发商或其控股股东具备二级资质、项目资本金比例达到国家最低要求等条件的房地产项目发放贷款，并且不得以信托资金发放

土地储备贷款。

2013 年 6 月起，私募基金纳入《新基金法》监管范畴；2014 年《新国九条》的出台则对房地产私募基金的发展提供了政策上的支持。

2016 年下半年以来，中央对于房企融资渠道收紧。监管指导意见要求，房地产企业不得通过再融资的方式对流动资金进行补充，再融资不能用于拿地和偿还银行贷款。房地产企业的融资门槛已经收紧，公司债发行门槛提高。12 月底，监管层再次对资管产品输血房地产项目的行为加以管理和约束。对于设立私募资管计划的证券期货经营机构，其资金直接或间接投入到目前住宅市场价格飞涨的 16 个重点城市的普通住宅项目的，一律不予备案。

2017 年 2 月，私募房地产基金（PE）成了监管层调控房地产市场又一通道。

2 月 13 日晚间，中国基金业协会正式发布《私募资产管理计划备案管理规范第 4 号》，严厉打击私募资管投资房地产住宅市场的行为，并且重点指向房地产价格上涨过快过热的 16 大城市。这份文件对于中国房地产私募基金领域无异于重磅炸弹，但也明确住宅市场，间接认可和支持了正常的商用物业的投资属性，打击投机，稳定市场。具体内容包括以下五点。

第一，坚持"房子是用来住的，不是用来炒的"这一定位。旨在贯彻落实党中央、国务院关于房地产调控工作的指示精神，推动房地产回归其居住属性，严格规范私募资产管理业务投资住宅类房地产行为，进一步抑制热点城市住宅市场价格泡沫，促进房地产市场健康发展。

第二，将私募基金管理人开展的投资房地产开发企业、项目业务一并纳入，切实避免资金违规流入房地产调控领域。

第三，将重点关注和规范直接或间接投资于房地产价格上涨过热的 16 大城市的普通住宅项目的金融产品，明确此类产品暂不予备案。

第四，禁止私募产品向开发企业提供融资，用于支付土地款、提供无明确用途的流动资金贷款，直接或间接为发放首付贷等严重违规行为的机构提供资金便利。

第五，详细明确了"明股实债"的定义，明确列举了具体的投资方式，基本上禁止了现有私募资管违规进入房产项目的渠道，包括委托贷款、嵌套信托计划及其他金融产品。

随着整个融资环境持续收紧，依靠现有融资方式输血的企业资金链遭遇流动性压力，房地产企业将迎来新一轮清洗周期。

从另一个角度看，大量的投资住宅项目的私募房地产基金存在，是资本逐利的正常行为。由于目前私募房地产基金缺乏退出渠道，只能通过投资住宅项目确保收益。政府一边打压住宅项目 PE，刺激私募基金转向其他物业类型，另一方面也积极推进 REITs 的试点工作。

尽管中国完整意义上的公募 REITs 还没有出现，但这是一个必然趋势。2016 年 6 月 3 日，国务院办公厅发布了《关于加快培育和发展住房租赁市场的若干意见》，再一次明确提出稳步推进发展中国房地产投资信托基金（REITs）试点工作的相关意见。《意见》的出台，可以视为政府层面高度关注资产证券化，积极稳步推进房地产投资信托基金（REITs）

试点的表态，对于下一步出台更细致的引导性政策和试点项目，相信将非常值得期待。

四、商业地产企业创新融资工具组合结构建议

（一）商业地产企业融资工具组合应用现实环境

由于相关立法和政策环境尚未成熟，中国针对房地产行业的金融创新融资工具都在经历自发摸索而后政策监管的过程，尚未有任何一项融资工具是在政府主导和完整的政策支撑下出现的。政府对于房地产私募基金的管理更加严格和细化。这一方面打击了资金进入房地产市场的积极性，从输血端遏制了企业用高成本换取融资拿地抬高房价，同时对于非住宅类的商用物业类型项目并未采取一刀切的方式，也反映出政府对于以 REITs 形式对具有长期投资属性的商用物业进行资本化的金融探索的支持。

随着地产项目的逐步开发建设完成，根据目前中国开工建设的项目规模面积，未来的几年，将是中国商业地产资产的集中放量阶段，大量不宜分割销售的城市优质商业资产集中入市经营，市场格局将发生巨大变化，而这也将成为中国商业资产管理运营服务企业的最佳成长发展机会。商业地产企业更多地通过手中核心地段的高品质物业，用稳定的租金回报，抵御市场波动时的风险，由单纯的开发企业转变为开发运营综合企业。

面对国家对行业的监管，在众多商业地产企业通过传统融资渠道募资困难的情况下，探索应用创新融资工具组合成为企业战略的重中之重。相比 IPO 上市标准高、公司债发放受限制，结合企业自身存量资产和开发方向，积极接触房地产私募、信托基金等金融机构，谋求海内外资本的长期合作利用，更加立竿见影和现实可行。

（二）商业地产企业创新融资工具模式的建议

对于中国广大商业地产企业来说，多数已有与金融机构接触的经历。参考凯德集团的成功案例，以及国内几家代表性商业地产企业的金融探索，对于大多数自身不具备成熟的金融资本运营能力的商业地产开发企业，主动接触和选择资本市场中成熟专业的金融机构建立长期稳定的关系较为稳妥。即便这势必面临更苛刻的谈判条件和融资成本，但在竞争日趋激烈的大环境下，尽早建立稳固的合作关系，对双方都具有现实意义。

同时，随着目前趋紧的针对房地产信托、PE 等创新融资工具的政策监管，越来越多的房地产 PE 和基金公司也面临着开发商一样的困境，主动接触和选择与大型品牌企业建立长期的战略合作关系，参与到项目前端甚至拿地阶段，可能承担更多的风险，但也反映出资本希望获取更长期稳定收益的目的。

由此可见，现阶段商业地产企业与金融资本可谓不谋而合。结合商用物业资产投资属性，企业与金融机构应针对单一物业类型进行融资工具的组合设计。前期以房地产私募基金（PE）股权类融资为主，对应解决项目公司开发阶段（3～5年）的融资需求。项目结构封顶后可通过银行开发贷或在建工程抵押贷过渡，进入稳定经营阶段后，融资方可以将

成熟物业的租金收入作为信托计划利息的还款来源，或通过发行房地产信托基金实现私募PE 的获利退出。由于中国尚没有针对 REITs 产品的税收优惠政策和具体的规范管理办法，在国内尚不具备发行 REITs 的条件。

这一组合应用模式，有助于房地产 PE 规避政策监管的影响，同时根据政策变化随时吸纳资金，通过有限合伙企业的组成，合理避税。开发商可以以土地或资金的形式灵活注入新资产，根据融资规模和行业发展动态开发新项目，并通过境外 REITs 上市、公募资管信托计划或受益权抵押动态获利退出。开发商也可根据自身情况在持有前期股权的同时在资本市场持有 REITs 股份，获得长期的租金及资产增值收益。这一组合模式的设计，保证了各方的投资收益和灵活性，突出各方的专业优势的同时强化了合作关系，是符合商业地产开发企业长期发展的有力组合。

（三）商业地产企业融资工具组合应用策略

结合目前中国房地产金融市场的政策环境和行业竞争环境。商业地产企业在应用创新型的融资工具组合时，应采取适当的融资组合策略，灵活应对，获取融资效率的最大化。

1. 预判现金流策略

地产企业在拿地前制订整体开发计划时，就必须根据项目开发节点预判动态现金流波峰波谷，提前引入适当的战略金融合作机构，并提前规划详细的融资计划，保证项目融资的切实可行。

2. 海内外资本市场择优策略

地产企业在应用融资工具组合时，应破除地域限制，主动了解海外资本市场，借助专业金融合作伙伴的力量，权衡政策风险和资金成本，并灵活利用汇差、利差等工具。但需要考虑境外市场的管理费用及国家外汇管理政策等因素。

3. 资产所在区域平衡匹配策略

在注入投资组合的物业资产选择上，应灵活匹配一线、二线城市的热点区域，规避企业为提高效率采取的单一城市公司管多个项目的组织架构，根据项目资质、盈利能力和物业类型综合匹配。避免同一城市项目全放在一个投资组合中，保证综合收益率的平衡，保证企业整体长期收益。

五、融资工具组合应用对地产企业的影响

（一）对企业发展战略的影响

创新融资工具的组合应用，根源于商业物业的资本属性和长期收益能力，稳定的储

备、开发与运营项目，在保证了融资工具组合成功运转的同时，也使得企业持有的优质资产保值增值。创新融资工具组合和企业发展战略方向必须保证高度一致，才能实现双方利益目标的共同完成。这使得选择利用资本市场创新融资工具的房地产企业未来发展必然向综合性的开发运营管理一体化的商业地产服务集团方向发展，而不再是简单的开发—销售—变现的经营模式，完成从物业驱动向资本驱动，从经营项目到经营企业的转型。

（二）对组织架构和运营管理的影响

传统开发企业的核心业务团队重点是获取土地、建设施工、销售管理环节。对于金融专业和商业资产运营专业团队搭建多出于被动。随着资本市场创新融资工具组合的应用，为实现提高资产租赁收益和长期增值的目标，商业地产企业势必将更侧重运营与管理组织架构的搭建和专业人才的引入，并建立自己的金融团队。而原有的开发环节的组织和管理水平也将向更精专的方向发展。

商业地产资本化的发展，专业的具有金融意识的地产人才也是企业发展的重点，中国传统商业地产的发展本身并不成熟，品牌、形态及运营的同质化也说明商业地产专业人才的稀缺，未来的成熟企业，兼具金融投资领域和商业地产运营领域的复合型经理人必将十分抢手。

可以想见，资本市场创新融资工具的引入，短期看是解决企业融资渠道，但长期势必将以企业与资本实现双赢为目标，商业地产相关从业人员应尽快适应市场发展变化，主动了解接触活跃在房地产领域的金融资本，为行业的大变革做好准备。

第三节 国外房地产投资信托基金的发展与借鉴

通过对美国、新加坡、中国香港等地的资本市场地产企业融资工具应用的发展和借鉴，结合新加坡凯德集团在中国的商业地产开发运营过程中"地产＋资本"的配对组合融资工具的使用的成功经验，以及中国商业地产企业正在进行的类似组合融资工具拓展的现实案例和出现的问题，下面针对中国商业地产企业创新融资工具组合应用提出自己的建议和思考，希望对中国商业地产企业在未来的发展中灵活应用创新融资工具配对组合给予有益的借鉴。

一、美国房地产投资信托基金的发展与借鉴

自 1960 年开始，美国的房地产投资信托基金开始迅速发展。在经历了几轮经济起伏和政策的调整后，房地产投资信托基金在美国资本市场已占到了举足轻重的位置。

（一）美国 REITs 的发展

20 世纪 50 年代后，美国大量富豪持有过剩货币寻求投资，通过这一契机，房地产商业信托发展成为规避所得税的不动产投资信托组织。1960 年，国会通过了《国内税收法典》，标志着美国房地产投资信托制度的正式确立。这一法案对房地产投资信托给予相当优惠的免税条件，同时认定和限制也极其严格，通过限制管理者的参与，避免损害投资人的利益。

20 世纪 70 年代中期，美国发生经济衰退，由于 REITs 的收益受到利率和市场风向的影响，出现大面积的财务危机，规模不断萎缩。90 年代开始 REITs 迎来了一波发展高潮，随着立法的放宽，更灵活的 REITs 形式出现。经营管理方式以及税制的放宽，促使房地产业主纷纷转型发展 REITs。

（二）美国 REITs 的借鉴

美国 REITs 的组织形式一般是公司形式。但实际应用中，他们往往会与房地产企业或者物业所有者组成有限合伙组织，共同持有和管理物业资产。美国 REITs 的组织架构，通常采取三种基本结构，即传统结构、伞形合伙结构（UPREIT）、DOWNREIT 结构。随着市场的发展和税法的不断变化，为了规避税法限制，充分利用税收优惠，REITs 的组织形式在传统结构的基础上根据税法不断进行创新，衍生出新的合股结构和纸夹结构。分析发现，美国 REITs 的组织结构形式的变化，始终围绕着"扩大资产规模"和"延迟纳税，增加机会收益"这两个目的。不管是以何种形式组建合伙企业，都是围绕着吸纳的物业资产资源或经营管理资源来进行。

可以说，美国 REITs 的成熟发展，是基于美国税法制度变化。通过历史上的几次重大修改，美国税法努力使 REITs 机构成为完全意义上的不动产投资收益的传输导体，通过税法不断地完善，尽一切可能地保证投资人的资金利益。从 1960 年标志 REITs 诞生的《房地产投资信托法案》，到 2001 年生效的《REIT 现代化法案》，税法相关条令在保证投资人的利益的前提下，根据整体市场环境，不断变化，调整分配比例、放宽利润支配权限，刺激投资，激发盈利潜能。法律与资本之间的关系并非相互牵制，而更多的是在长期目标统一下的健康共赢。

二、中国香港与新加坡地产融资工具的发展借鉴

（一）中国香港和新加坡地产投资信托基金的发展

美国房地产投资信托基金的迅速发展和巨大带动效应，为世界其他国家（地区）发展 REITs 提供了成功经验。2001 年，新加坡金融管理局在《证券和期货法则》中，对新加坡上市 REITs 进行了详细规定和约束。

新加坡 REITS 的组织结构，是由 REITs 向投资人发行信托单位，以所融资金购买房

地产或相关资产（抵押支持证券等）。新加坡 REITs 没有独立法人资格，必须聘请信托管理人管理，同时聘请房地产管理公司运营管理，可以说新加坡 REITs 组织结构是完全的外部化管理结构。

2005 年，香港证券及期货事务监察委员会发布了《房地产投资信托基金守则》，香港第一支 REIT——领汇房地产投资信托基金在香港交易所上市。杠杆率和分派收益率这两个财务指标是衡量 REITs 的重要指标。杠杆率是总负债与总资产之比，杠杆率代表企业为了进行融资所欠的债务占到总资产的比例。为了防范财务风险，主要 REITs 市场规范都要求单只上市 REITs 的杠杆率不得高于 45%。分派收益率是企业将过去 12 个月的股息（过去一年的总派息额）与 REITs 的股票市价作比来衡量 REITs 投资价值的指标。对比股价，新加坡 REITs 所发放的股息要略高于中国香港的 REITs，达到 6.8%。

（二）中国香港和新加坡私募房地产基金的发展

新加坡私募地产基金的发展，是以新加坡第一支私募 PE 发行企业——新加坡凯德集团的发展为主线。

中国香港同样致力于成为亚洲区内的基金业中心。基于毗邻内地的便利条件，大部分在中国香港管理的资产都投资于亚洲。

为了鼓励基金进入，提升中国香港作为亚洲资管中心的竞争力，中国香港仍在出台新的激励政策，包括进一步缩减基金产品认可审批周期，进一步缩短处理新基金申请时间等降低门槛的举措，通过修订相关条例，鼓励离岸私募基金买卖香港境外私人公司的证券交易，豁免征收利得税，这一规定也适用于私募基金常用的特定目的工具（SPV）。

三、新加坡凯德集团房地产案例分析

（一）新加坡凯德集团房地产金融业务简述

1.凯德集团房地产业务简述

凯德集团是全亚洲资产规模数一数二的房地产集团，总部设在新加坡，并在新加坡上市，是新加坡发行第一支 REIT 的房地产企业。企业在 1994 年进入中国发展地产业务。

如果按照资产总市值计算，凯德集团是全亚洲最大的综合购物中心开发商、所有人及运营者之一。凯德集团的业务涵盖了商业地产的投资、开发，综合购物中心的运营、资产管理及相应的资本管理等多个范畴。

2.凯德集团房地产的基金业务

凯德集团确定"轻战略"的发展方向后，凯德基金应运而生。2000 年开始，企业根据战略转型目标制订具体的执行方案，经过十余年的发展，凯德集团已经构建了一个完整的金融资本平台，其中包括 16 支私募地产基金和 5 支公开发行的 REITs 产品。这一金融平台管理着总额达到 410 亿美元的资产。其中针对中国房地产业务进行投资的 REITs 产品有 2 支，房地产私募基金有 12 支。这些产品稳定地构成了一条连贯的资产输入输出渠道。这些专注中国市场的基金管理的总规模达到了 166 亿，占到集团房地产基金总规模的 48%。经过多年发展，凯德在中国建立起一条完整的业务覆盖住宅、写字楼、商业综合体、酒店式公寓和房地产金融业务在内的复合房地产价值链，形成稳固的地产价值产业体系。

（二）凯德集团商业地产融资工具的应用

1. 凯德集团"地产 + 资本"配对组合融资

商业物业由于其所有权的不可分割和后期运营管理的强制要求，体现出很强的金融属性。一个商业地产项目的开发周期通常至少三年，而其从开业到进入稳定成熟经营状态的周期更是长达五年（行业内认为年平均出租率达到 90% 以上才算进入稳定运营阶段），而其所贡献的租金收益现金流和资产增值的周期则长达数十年。然而，许多商业地产开发企业由于现金流压力，往往无法承受漫长的回报周期，而是采取在商业刚刚进入经营阶段时就择机出售，以便快速回笼资金。可见，对于商业物业的开发与运营，融资工具的支持和保障是企业战略的核心。

1994 年，凯德置地作为凯德集团发展中国房地产业务的专业平台，最初七年里，始终处于亏损的状态。但此后，凯德中国的房地产开发业务迅速壮大，现已发展出凯德置地、凯德商用、雅诗阁服务式公寓、凯德惠居四大地产开发业务线。大量的开发业务势必形成对资金的巨大需求是否有成本可控、稳定持续的资本注入决定了企业能否实现既定的战略目标。作为拥有成熟经验和雄厚资源的上市企业，经过多年的探索和发展，凯德集团根据自身特征和发展目标，打造了一种可持续发展的房地产金融配对组合的融资模式。这一模式即通过企业开发的项目物业类型，将适当的私募房地产基金和 REITs 进行针对性的组合配对，连贯发展，形成一个完整的融资工具组合，覆盖项目的整个开发运营生命周期。以此把控项目综合融资成本、控制融资风险，保证轻资产策略的实现。在保证项目开发思路和建设执行的连贯和精准的前提下，将追求稳定长期收益的 REITs 成为其物业开发成长基金（PE）的资金后盾，而成长基金（PE）则不断孵化开发新的优质项目，并向配对的 REITs 持续不断地输送优质的商用物业资产，由此建立良性循环，优质的资金开发优质项目，优质项目保证优质资金的持续升值。

在具体操作过程中，凯德将商业物业根据开发流程划分为培育期（项目取得阶段）、发展期（项目建设、招商、试运营阶段）和成熟期（项目稳定运营阶段）。根据房地产行业的规律，培育期和发展期的项目通常项目利润空间大（房地产开发项目毛利率水平在20% ~ 30% 之间），但同时风险较大，现金流压力大。这一阶段的项目更适合私募 PE 投资人。稳定成熟期的经营性物业的收益通常更稳定，伴随着稳定的租户和可见的租金收益，项目年收益率通常在 6% ~ 8%，更适合不耐风险的 REITs 投资人。

同时，进入运营期，资产的所有权所赋予的经营权的统一对于商业项目成功运营管理非常重要。凯德集团之前已经积累了丰富的商业管理经验，故积极地利用集团多元化的投融资渠道，依托私募基金、信托基金、银行贷款等方式，积极筹措稳定的资金来源，将其注入到相应的优质商业物业中，以此方式来长期持有这些商业项目统一经营管理，得以保证这些商业项目的综合运营管理水平，保证获取稳定的租金收益和资产增值。以凯德商用中国发展基金和凯德商用中国信托（CRCT）资本构成及市场表现具体说明，凯德商用中国信托（简称 CRCT）是第一支在新加坡上市的专门投资于中国商业房地产的 REIT 基金。与 CRCT 搭配共同成立的，还有 2 支私募基金——CRCDF 和 CRCIF，它们分别作为 CRCT 的储备基金对其进行优质项目的输出。其中，CRCDF 主要是为 CRCT 在拿地阶段储备更多优质的孵化项目，而CRCIF则定向向CRCT输送已进入成熟运营阶段的商业项目。

（1）CRCT 信托的组织结构

CRCT 是第一支按照中国政府在 2006 年签发的"171 号文件"（2006 年 7 月，六部委联合签发了《关于规范房地产市场外资准入和管理的意见》，业内称为"171 号文件"）而建立的房地产 REIT 产品。"171 号文件"明确提出禁止离岸控股公司直接持有国内物业，直接否定其他国家 REITs 产品常用的离岸方式。同时还提高了在岸注册资本的资金门槛，也就是说，未来通过在岸公司投资国内房地产，不仅需要遵守中国政府的法规缴纳税款，还要将高额的资本长时间地留在境内使用。凯德置地计划长期在中国发展，故始终采取境内注册外商独资企业（WOFE）或者合资企业的模式操作。2006 年上市时，凯德中国向 CRCT 注入了分属不同城市的 7 个已稳定运营的优质商业地产项目，其中 6 个都是由凯德中国百分之百持有股份，另外一个也是作为大股东来经营。同时，凯德集团在巴巴多斯分别成立了 3 家公司作为 SPV，并由 CRCT 收购，而注入 CRCT 的这些项目所产生的权益收益，则通过这三个 SPV 转入资产池内，继而得以在新加坡重新包装上市。

CRCT 的成功，可以理解为是房地产企业（不管是内资还是外资）在中国新的房地产市场管理政策下进行海外金融业务拓展，发行 REITs 产品的一种探索。企业通过离岸、在岸的两级特殊目的公司（SPV），以股权形式持有国内的优质资产，化解了离岸企业持有国内资产的限制和管理权流失的风险。这个双层控股结构虽然必须承担较为沉重的税务压力，并且直接降低了项目可分配权益收益，但是至少证明，国内资产可以实现曲线的海外上市之路，为更多企业选择这一路径提供了有力的支持。CRCT 的两级结构最大的障碍就是必须承受更多的财税成本。首先，国内税法要求，CRCT 所管理的资产的年度经营净利润必须缴纳 33% 的企业所得税以后才能由企业进行处置，同时，多层结构的设置，势必额外产生管理成本等支出，日积月累，并非小数。

同时，正是由于这一巨额成本的发生，导致 CRCT 的可分配净利润被严重稀释，而这一国内税制本身所构建的环境，也与其他传统成熟的标准 REITs 模式发生极大违背，无法对公共资本市场的游离资金产生足够的吸引力，也无法对 REITs 在中国的推广起到任何有力帮助。但不管怎么说，综合目前中国房地产市场的政策限制和大环境，企业仍然坚定地选择推进这一方式进行商业地产项目的投融资，说明这一模式符合企业的发展战略并且顺应大的市场环境发展，是值得尝试和付出的。

（2）商业物业资产组合构成

2006 年底 IPO 后，CRCT 的信托资产组合从 7 个购物中心发展到 2015 年底拥有 10 个高质量购物中心物业。2016 年 8 月，CRCT 发布公告宣布对成都一宗核心购物中心的收购，这几宗核心购物中心，均是由凯德地产开发建设并由凯德商用开业运营超过 4 年时间，已进入成熟阶段的凯德集团自有物业，其定位、开发、招商、运营均由凯德集团自有企业完成。

CRCT 所管理的物业全部为商业，整体市值超过 100 亿人民币。超过半数的物业处于北京上海等一线城市的核心区域。商业经营状态稳定，区位优越，增值潜力巨大。同时，CRCT 作为凯德置地的重要投资渠道，对于凯德置地旗下的房地产基金（PE）所持有的优质不动产物业具有优先购买权，通过这一优势，CRCT 可以随时选择优质的成熟商用物业充实资产组合，这使得 CRCT 的物业资产组合的长期增长得到稳定的支持，也完成了这些配对组合的房地产 PE 基金的退出变现。

（3）商用物业运营表现

①毛收益 VS 物业净收入

CRCT 的配置资产集中在商业物业领域，自 IPO 起至 2015 年末，综合毛收益年增长率和净收入年增长率均为 13%，表现出较高的运营能力和收益增速，这与中国近些年零售消费领域的巨大发展紧密相关。同时，运营收入利润率始终处于 65% 左右的水平。这一数据间接说明，不断增长的资产组合体量尚未体现规模效应的优势，在毛收益提高的同时，运营成本未能因为专业化的管理和集约效应得到控制。考虑到所持有物业中有两间处于调整期，且 2016 年新增的成都项目尚未带来效益，预计这三间商业物业投入正常经营的两年内，利润水平会有所提升。

②租约与租户

CRCT 的商用物业资产组合基本上保持了 95% 以上的高出租率。这在很大程度上取决于凯德商用与终端品牌商户稳定的战略合作关系。品牌商户以在快时尚品牌和时尚餐饮品牌为主，大型零售及娱乐主力店品牌同样定位中档时尚消费人群。商业、品牌与消费人群定位的高度统一，保证了商用物业的高出租率。固定的品牌组合与商户构成，实际是基于项目开发前期企业对于整体消费客群和消费结构的预判，定位与客户的稳定在保证收益的同时，也锁定了商用物业的租金水平和收益上限。综合评判其较长的租约期限，以及在此条件下的租金跳点水平（合同期内行业租金增幅多为年 5% 以下），可以预判在接下去的几年 CRCT 的资产组合会有一个稳定的出租率，无须担忧空置对于物业造成的收益损失。可见，CRCT 更追求通过长期租约来获得稳定的可见的、租金收益增长。

（4）资本结构与盈利能力

①杠杆比率

作为规范管理的限制条件，新加坡金融管理局对于 REITs 的杠杆率要求是不高于 45%，CRCT 一般将其杠杆比率保持在 30% 左右，处于相当安全的范围。适度放宽 REITs

负债水平上限，使得在购置物业时，可以更多地利用金融杠杆工具而不需要增发摊薄股权。换言之，在有效风控的前提下，适度运用金融杠杆，利用负债提升资产配置组合配比，提升资产价值，也拓展其吸纳优质资产的空间。

②派息表现与资产净值

参考美国 REITs 发展数十年的平均 12% 的收益水平，新加坡 REITs 的整体收益率由 2011 年的 10% 缓慢地降至 2015 年的 7% 并趋于稳定。同一时期内，CRCT 的收益率经历了一段时间的起伏波动后最终也稳定在 6% 至 7% 之间。考虑到 CRCT 的净利润实际已扣除了在中国境内征收的 33% 所得税及运营成本，假定中国针对 REITs 产品实施免税优惠，CRCT 的收益率实际可达到 9%，高于新加坡市场同类产品水平。

在 IPO 之后 CRCT 的基金单位价格经历了几个月的飞速增长，在 2007 年的第二季度由 IPO 价格每单位 1.13 新元上涨至每单位 3.16 新元，增幅 179%，在金融危机之后，CRCT 的基金单位价格逐步回升，最终在 2015 年底报收每单位 1.50 新元。相反的，每单位资产净值的变化则更为平稳得多。每单位资产净值从最早的每单位 0.98 新元平稳上升至每单位 1.55 新元。以上数据说明，CRCT 无论从资产增值、派息分红角度，或者从资本市场的股价收益角度，均为投资者带来可预期可接受的资产增值，同时也完成了其作为私募房地产基金的退出通道的使命，成功实现集团旗下商业地产项目的投资和退出。

2. 凯德集团选择"地产＋资本"模式成因

依托于集团覆盖不同领域的专业平台，凯德集团构建了一条完整的从商业地产开发到私募基金再到 REITs 融资和退出的价值链，以地产"PE+REITs"基金为融资核心工具的持有型商业物业孵化通道。"地产开发＋资本运作"的组合模式已成为凯德集团在中国进行商业地产开发运营管理的核心价值体现。对于凯德集团打造的"地产＋资本"的配对组合融资模式的成因，可以总结以下几点。

（1）金融资本与地产开发互补

凯德集团的发展，始终伴随着资本。作为一家管理全球上千亿资产的房地产企业，凯德集团在金融资本领域的成熟业绩，核心还是企业坚持依托其源源不断地开发运营优质物业资产。对于凯德集团"地产＋资本"配对组合融资工具的成功，既要看到凯德集团在资本运作和资本管理方面的经验和能力，更要看到房地产开发业务在企业中始终不可动摇的核心地位，只有明确两者相辅相成的关系和地位，才不会在具体的业务管理中有所偏废。

（2）企业发展方向决定融资模式的组合侧重

从地产开发的角度，选择融资组合主要依据物业特征和企业战略的匹配，例如住宅项目可以依靠传统融资工具，但需要通过持有来统一所有权的商业物业，更需要企业进行运营管理获取租金收益和资产增值，这就需要创新型的融资组合来提供稳定长期的支持。而资本市场的私募股权投资基金、房地产信托投资基金等金融工具对优质资产低风险稳定收益的需求正好与开发企业盘活资产、提高资金周转率的需求吻合。

（3）合理的盈利预期设定控制资产泡沫

从凯德旗下管理的私募基金和 REITs 的年度数据可以看到，其对金融杠杆的应用和对于资产规模的控制相对保守，相比较美国 REITs 动辄 12% 的分红收益，CRCT 年 6% ~ 7% 的收益水平并不抓人眼球。但企业并没有为迎合资本市场而制造资产价值虚高，管理团队更强调租金收益的分享和管理费的提成，关注项目收益实际的增长。例如 CRCT 签署的管理协议中提到，对于项目业绩提成的约定是"每年净物业收入的 4%"，而非总收益的提成。管理收入和项目真实业绩紧密挂钩，使得企业必须苦练内功提升管理能力，更关注项目长期收益，也保证投资人不需要担心代理成本的虚高或者管理团队的中饱私囊等现实问题。

（4）灵活细致的专业管理思路

凯德集团的核心业务始终是房地产业务。通过对房地产业务的全价值链拆解和深耕，建立起专业、灵活、理性、稳定的房地产开发运营平台，并在此基础上细分市场建立专业团队，再利用金融领域的经验配对针对性极强的金融产品。这就对房地产平台的开发运营管理团队和金融资本平台的投资运营团队提出了极高的要求，虽然隶属于同一集团，但各自都采取市场化的运营管理模式，进而练就了行业标杆的团队"品牌"。同时，对于市场而言，品牌化的管理团队通过项目运作的成功构建了完整的"专业形象"，品牌认知度和品牌号召力在投资人和消费者心理上加分。

参考文献

[1] 刘卫星，刘颖春. 工程经济学 [M]. 武汉：武汉大学出版社，2019.

[2] 潘智敏，曹雅娴，白香鸽. 建筑工程设计与项目管理 [M]. 长春：吉林科学技术出版社，2019.

[3] 海晓凤. 绿色建筑工程管理现状及对策分析 [M]. 长春：东北师范大学出版社，2017.

[4] 温天锡. 建筑工程设计优化的故事 [M]. 天津：天津人民出版社，2019.

[5] 翟越，李艳，刘军生. 建筑施工安全专项设计 [M]. 北京：冶金工业出版社，2019.

[6] 张文元，丁玉坤，于海丰. 高层建筑钢结构 [M]. 哈尔滨：哈尔滨工业大学出版社，2019.

[7] 杜晓蒙. 建筑垃圾及工业固废再生砖 [M]. 北京：中国建材工业出版社，2019.

[8] 叶雯，齐亚丽，李清奇. 建筑装饰工程计量与计价 [M]. 北京：北京理工大学出版社，2019.

[9] 许颖，马志亮. 武昌老建筑 [M]. 武汉：武汉出版社，2019.

[10] 周芳，尉丽婷. 建设工程经济 [M]. 西安：西北工业大学出版社，2019.

[11] 叶征，王占锋，杨建查. 建筑工程经济 [M]. 北京：北京理工大学出版社，2018.

[12] 胡芳珍，马知瑶，黄瑞敏. 建筑工程经济 [M]. 北京：科学技术文献出版社，2018.

[13] 张洪忠，窦如令，郭烽. 建筑工程经济 项目化教材 [M]. 南京：东南大学出版社，2018.

[14] 王勇. 建筑设备工程管理 第 3 版 [M]. 重庆：重庆大学出版社，2018.

[15] 刘勤. 建筑工程施工组织与管理 [M]. 北京：阳光出版社，2018.

[16] 陈军川. 建筑工程应用文写作 [M]. 北京：北京理工大学出版社，2018.

[17] 佘渝娟，陈明燕. 工程经济学 [M]. 重庆：重庆大学出版社，2018.

[18] 王秀明，刘正昶，贾必洪. 建筑企业经济责任审计指南 [M]. 北京：中国时代经济出版社，2018.

[19] 可淑玲，宋文学. 建筑工程施工组织与管理 [M]. 广州：华南理工大学出版社，2018.

[20] 郭学明，张晓娜. 装配式混凝土建筑 建筑设计与集成设计 200 问 [M]. 北京：机械工业出版社，2018.

[21] 顾荣华，张劲松. 建筑工程经济 [M]. 北京：北京理工大学出版社，2017.

[22] 许婷华，曲成平，杨淑娟. 建设工程经济 第 2 版 [M]. 武汉：武汉大学出版社，2017.

[23] 杨文领 . 建筑工程绿色监理 [M]. 杭州：浙江大学出版社，2017.

[24] 周海波，李莎莎，王迪 . 建筑工程测量 [M]. 天津：南开大学出版社，2017.

[25] 王少文，邵炜星，鲁春辉 . 工程经济学 [M]. 北京：北京理工大学出版社，2017.

[26] 陈自然 . 工程经济教与学 [M]. 北京：北京理工大学出版社，2017.

[27] 张宜松，赵克超，刘艳萍 . 建筑工程经济与管理 [M]. 重庆：重庆大学出版社，2014.

[28] 姜波，陈兴平 . 建筑工程经济与管理 第 2 版 [M]. 西安：西安交通大学出版社，2014.

[29] 沈华 . 工程计量计价教程 建筑与装饰 第 2 版 [M]. 南京：东南大学出版社，2017.

[30] 何辉，吴瑛 . 建筑工程计价新教材 第 3 版 [M]. 杭州：浙江人民出版社，2017.